침간정,
충군의리와 선정의 물소리,

구미 용와 류승현 종가

기획 경상북도 · 경북대학교 영남문화연구원 | **지은이** 류영수

경북의 종가문화 연구진

연구책임자	정우락(경북대 국어국문학과)
공동연구원	황위주(경북대 한문학과)
	조재모(경북대 건축학부)
종가선정위원장	황위주(경북대 한문학과)
종가선정위원	이수환(영남대 역사학과)
	홍원식(계명대 철학윤리학과)
	정명섭(경북대 건축학부)
	배영동(안동대 민속학과)
	이세동(경북대 중어중문학과)
종가연구팀	김위경(영남문화연구원 연구원)
	이상민(영남문화연구원 연구원)
	이재현(영남문화연구원 연구원)
	최은주(영남문화연구원 연구원)
	황명환(영남문화연구원 연구보조원)
	전설련(영남문화연구원 연구보조원)

축 · 간 · 사

경상북도에서 『**경북의 종가문화**』 **시리즈** 발간사업을 시작한 지 벌써 9년째가 되었습니다. 본 사업은 더 늦기 전에 지역의 종가문화를 기록으로 남겨 후세에 전해야 한다는 절박함에서 비롯되었고, 그간 많은 분들의 노고에 힘입어 어느새 51권의 책자가 발간되었습니다. 이러한 결실이 우리 지역을 알리는 문화자산으로 자리 잡아 가고 있어 300만 도민의 한 사람으로서 무척 보람되게 생각합니다.

경북은 한국 전통문화를 집적해 온 중심으로, 앞으로의 미래 정신문화를 선도할 정점에 자리 잡고 있습니다. 특히 옛것의 가치를 소중히 하는 전통문화의 중심에는 경북의 종가宗家가 있습니다. 우리 도에는 240여 개소에 달하는 종가가 고유의 문화를 온전히 지켜 오고 있어 우리나라 종가문화의 보고寶庫라고 해도 과언이 아닙니다.

하지만 최근 산업화와 종손·종부의 고령화 등으로 인해 종가문화는 급격히 훼손·소멸되고 있는 실정입니다. 이에 경상북도에서는 종가문화를 보존·활용하고 발전적으로 계승하기 위해 2009년부터 **'종가문화 명품화 사업'**을 추진해 오고 있습니다. 체계적인 학술조사 및 연구를 통해 관련 인프라를 구축하고, 명품 브랜드화하는 등 향후 발전 가능성을 모색하기 위해 다방면으로 노력하고 있습니다.

경북대학교 영남문화연구원을 통해 2010년부터 추진하고 있는 『경북의 종가문화』 시리즈 발간도 이러한 사업의 일환입니다. 도내 종가를 대상으로 현재까지 『경북의 종가문화』 시리즈 51권을 발간하였으며, 결과물은 관계 문중은 물론 일반인들로부터 큰 호응을 얻고 있습니다. 이들 시리즈는 종가의 입지조건과 형성과정, 역사, 종가의 의례 및 생활문화, 건축문화, 종손과 종부의 일상과 가풍의 전승 등을 토대로 하여 일반인들이 쉽고 재미있게 읽을 수 있는 교양서 형태의 책자 및 영상물(DVD)로 제작되었습니다. 철저한 현장조사를 바탕으로 하여 관련 분야 전문가들이 집필함으로써 알차게 내용을 꾸미는 한편, 개별 종가의 특징을 부각시키고자 노력하였습니다.

이러한 노력으로, 금년에는 『**영주 금계 황준량 종가**』, 『**안동 간재 이덕홍 종가**』, 『**상주 검간 조정 종가**』, 『**영덕 난고 남경훈 종가**』, 『**구미 용와 류승현 종가**』 등 5곳의 종가를 대상으로 시리즈 5권을 발간하게 되었습니다. 비록 시간과 예산상의 제약으로 말미암아 몇몇 종가에 한정하여 진행하고 있으나, 앞으로 도내 100개 종가를 목표로 연차 추진해 나갈 계획입니다. 이러한 시도는 종가 관련 자료의 기록화를 통해 종가문화 보존 및 활용을 위한 기초자료를 제공함은 물론, 일반인들에게 우리 전통문화의 소중함과 우수성을 알리는 데 크게 도움이 될 것으로 확신합니다.

한국의 종가는 수백 년에 걸쳐 지역 사회의 구심점이자 한국 전통문화의 상징으로서 역할을 묵묵히 수행해 왔습니다. 최근 유교적 가치와 문화에 대한 재조명이 활발히 이루어지고 있으며, 그 바탕에는 급격한 사회의 변화 속에서도 굳건하게 전통문화를 지켜 온 종문宗門의 숨은 저력이 있습니다. 이러한 전통을 이어받아 오늘날 경북의 정체성 확립은 물론, 미래지향적인 새로운 정신을 찾아 세계적인 정신문화로의 발전을 기대해 봅니다.

앞으로 경상북도에서는 종가문화에 대한 지속적인 조사·연구 추진과 더불어, 종가의 보존관리 및 활용방안을 모색하는 데 적극 노력해 나갈 것을 약속드립니다. 이를 통해 전통문화를 소중히 지켜 오신 종손·종부님들의 자긍심을 고취시키고, 나아가 전국의 종가를 연계하는 종가문화 네트워크 구축과 더불어 종가문화를 세계적인 명품 브랜드로 육성해 나갈 계획입니다.

끝으로 이 사업을 위해 애쓰신 정우락 경북대학교 영남문화연구원장님과 여러 연구원 여러분, 그리고 집필자 분들의 노고에 진심으로 감사드립니다. 아울러, 각별한 관심을 갖고 적극적으로 협조해 주신 종손·종부님께도 감사의 말씀을 드립니다.

2018년 11월

경상북도지사 이 철 우

지·은·이·의 말

경상북도 안동은 필자의 생활에서 많은 영향을 끼친 의미 있는 곳이다. 유학의 고장이면서 나의 고향이기도 하지만, 무엇보다도 유가儒家에서 태어난 덕택으로 뒤늦게나마 사람의 도리와 삶의 가치가 무엇인가에 있어서만큼은 보수적일 수 있게 해 주었다. 이는 분명히 훌륭한 조상을 두었기 때문이라고 여긴다. 그래서 최소한으로나마 유가의 범절을 지켜 조상의 명성을 더럽히지 않으려고 노력하는 중이다. 나의 아버지가 그랬고 아버지의 아버지가 그랬고, 또 그 아버지가 그렇게 살았던 삶과 문화의 유전자는 생생生生의 이치가 불변하는 한 그 본질과 보수성이 쉽게 변하지 않는다는 진리도 깨닫게 해 주었다. 아울러 현재는 안동시 도산면 가송리에 복원되어 있지만 안동댐 수몰 전에는 예안면 분천리에 위치했던 효절공孝節公 이현보李賢輔의 농암종택聾巖宗宅이 필자의 외가이기도 하기에 때로는 더욱 그 가치에 매몰되어 지내 왔다. 이러한 환경과 타고난 유전자로 인해 늦게나마 다시 한문학의 길로 돌아서게 하였고, 성씨, 본관, 관향, 조상, 종가, 종택, 종손,

종친, 항렬 등의 용어에 대해 더욱 큰 관심을 갖게 되었다. 이들 용어는 대체로 사람의 뿌리에 관계된 말이지만, 기교를 앞세워 물질과 정신이 모두 첨단으로 향하는 요즘의 뭇사람들은 점차 낯설게 느끼고 때로는 외면하는 경우도 있어 안타까움을 금할 수 없다.

여하튼 필자에게 더욱 특별히 느껴지는 안동은, 16세기 이후 한국 유학의 전통과 문화의 중심지가 되었고, '한국정신문화의 수도'로 현재는 그 가치를 구현하는 데에 중추적인 역할을 하고 있다. 학문적으로 퇴계학의 영향 아래에서 나름대로 그 전통과 문화를 이루고 계승해 온 수많은 명문가가 탄생하였고, 이른바 종가宗家의 반열에 올라 지금까지도 명실상부한 명성을 이어가는 가문이 많다. 그 가운데 안동의 수곡水谷에 터를 잡아 약 450여 년 동안 세거하던 한 종족宗族과 가문이 있다. 무실(수곡水谷)류씨로 불리는 전주류씨全州柳氏 수곡파水谷派가 그들이다. 진산인 아기산과 젖줄인 반변천을 등지고 마주보는 곳, 수곡을 중심으로 인근으로 분파하여 십 수대를 거치는 동안 이른바 가학家學의 결실로서 자타가 인정하는 방대한 문집과 저술을 남겼다. 한편 수곡파가 입향한 뒤 6세대에 이르러 류봉시가 분파하여 박실(표곡瓢谷)이라는 곳에 정착하면서 그의 호를 딴 삼가정三檟亭派를 형성하기 시작하였다. 이는 이 책의 주인공 용와慵窩 류승현 종가宗家의 모태가 되어 수곡파 가학의 전성기를 맞이하는 계기와 토대가 되었다. 하지만 지금으로부터 꼭 30년 전인 1987년, 동성의 일족이 거의 반천 년을 세거해 온 무실은 임하댐 공사로 인해 대종가를 비롯한 일부만이 수위를 고려해 이건되고, 조상의 유택이 서리고 어려 있던 대부분의 자취는 물속에 잠겼다. 용와종가도 예외는 아니었기에 박실을 떠나 지금의 자리, 구미시 해평면 일선리 수류우향水柳寓鄕(수곡류씨의 새로운 고향)에 옮겨졌다.

이 책은 이러한 수곡파 및 용와종가에 대한 역사이자 이야기로, 모두 여섯 장으로 구성되어 있다. 원고 집필에 있어 정해진 구성 원칙이 있기에 그 틀을 벗어나지 않으려고 하였으나, 용와종가가 원래의 곳에 있지 않기에 막상 집필에 앞서 제목 선정을 비롯하여 전체적인 구성과 서술의 어려움이 있었다. 또한 영남문화연구원에서 발간한 연작 가운데 이미 정재 류치명 종가(삼가정파)에 대한 책이 있기 때문에, 이러한 여러 가지 복합적인 이유를 고려하여 부득이 중복된 서술을 가능한 한 생략하고 피하지 않을 수 없었다. 따라서 전체적으로 보면, 용와 류승현의 삶과 그의 전후 세대를 아우르는 방향으로 보다 자세하게 살피고 조명하는 데에 비교적 많은 비중을 두었음 밝혀 둔다.

제1장에서는 전주류씨 수곡파의 세계 및 형성과정과 역사 및 인물에 대해 전체적인 소개를 빠뜨릴 수 없었다. 특히 수곡파가 몇 백 년간 이룬 학문의 성과가 과연 무엇인지와 그에 대한 평가가 어떠한지를 객관적으로 살펴보았다. 아울러 수몰로 인해 이주한 뒤 수곡의 류씨가 정착한 새로운 고향이라는 뜻의 수류우향으로 명명한 구미시 해평면 일선리에 대한 내용, 수곡파의 의병정신을 대표하는 임진·정유 양난의 칠의사七義士를 기리기 위해 건립된 기산충의원에 대한 사실을 덧붙였다. 이 모두가 수곡파의 반천년의 역사이고, 앞으로 천년을 이어갈 바탕일 것이다.

제2장은 주로 파조로서 책임과 역할을 완수한 류봉시의 삼가정에 대한 내용이다. 수곡파 전체로 보아도 가정교육의 모범이 되는 삼가정은 류봉시의 두 아들 용와 류승현과 양파 류관현을, 수곡파에서 이른바 훌륭한 선비[善士]가 되도록 길러낸 곳으로, 훗날 각각 명실상부한 종가로 거듭나 선대의 명성을 계승하였다. 그 과정을 서술하면서 양파

류관현의 양파구려陽坡舊盧(정재종가)에 대해서는 가급적 간략하게 서술하는 데서 그쳤다.

제3장에서는 행장과 묘갈명·묘지명 및 당시 교유인물 등 주변의 평가를 바탕으로 류승현의 삶과 마음 및 사람됨과 학문, 관료 생활과 출出·퇴退의 자세, 만년에 서재와 강학의 장소로 삼았던 정자인 침간정枕澗亭 등에 대해 많은 지면을 할애하여 집중적으로 조명하였다. 이는 그동안 류승현에 대한 학술적인 연구가 많지 않기 때문이기도 하였다. 이를 위해 그의 저술에서 많은 부분을 차지하는 시작詩作을 중심으로 대표적인 작품을 발췌하고 분석하였고, 특히 출사와 은퇴를 거듭하면서 좌우명으로 삼았던 것으로 보이는 「정실명淨室銘」을 통해서는 '게으른 늙은이'라는 뜻을 담아 처음에 자호로 삼은 용수慵叟의 참된 의미가 무엇인지 잘 알 수 있을 것이다. 이어서 류승현의 집 용와慵窩가 어떻게 종가의 반열에 오를 수 있었는지, 그 계기가 무엇인지를 알 수 있다.

제4장에서는 류승현의 후손들에 대한 이야기를 하였다. 삼가정의 류봉시가 전한 유업이 류승현·류관현 두 아들을 거쳐 그 후손들에게 어떻게 전해졌는지를 알고자 하였다. 그 가운데에서 수곡파의 화목和睦의 상징이 되는 삼체당三棣堂 일화는 지금의 세태에 비추어보면 더욱 눈여겨 읽을 만하다고 여겨진다. 한편, 지면의 제약으로 인해 용와종가의 후손들에 대해서는 용와 류승현 이후 5대까지의 주요 인물을 선정하여 서술하였다.

제5장은 용와 류승현이 1728년(영조 6) 무신년의 난에 창의한 공을 인정받아 1890년 고종高宗의 치제致祭 명과 함께 1891년 사제문賜祭文를 받고 치제의 준비와 함께 봉행하는 과정을 일자별로 상세하게 다

루었다. 당시의 기록을 통해 류승현이 불천위不遷位가 되고 종가의 반열에 오르는 모습을 볼 수 있을 것이다. 이어서 현재 용와종가에서 봉행되는 불천위 제례의 절차를 따라가 보았다. 절차상에 보통의 다른 종가와 크게 다를 것이 없지만, 한두 가지 주목할 부분도 발견할 수 있다.

마지막으로 제6장은 지금의 종가 모습과 종손 부부에 대한 내용이 주를 이루며 마무리하였다. 여느 종가와 마찬가지로 갈수록 불분명해지는 종가의 위상과 퇴색해 가는 정신적 가치에 있어서는 용와종가도 예외일 수 없고, 부인할 수 없다. 이러한 추이에 대응하며 종가의 미래에 대응하는 종손 부부의 편안하지만 의미심장한 이야기를 들을 수 있을 것이다.

책의 말미에는 전주류씨 수곡파의 학자·문인과 함께 그 학문적 성과를 표로 만들어 참고할 수 있게 하였다. 이상의 내용을 통해 모쪼록 전주류씨 수곡파와 함께 용와 류승현과 용와종가에 대한 이해와 관심의 폭이 넓어졌으면 하는 바람이다.

필자는 이 책을 지으면서 느낀 바가 많았지만, 느낀 바를 글로 적어 보이다 보면 나도 모르게 외람되이 평가의 정도에까지 이르게 되는 것이 두려웠다. 또 재주가 노둔하고 배움이 미천한 사람으로서 그 느낌을 지면에 옮기는 것은 오히려 감히 할 수 없다고 생각하였다. 아마 이 책을 읽는 독자가 느끼는 것을 같이 느끼지 않을까 생각한다. 다만 한 가지, 류승현의 성품을 알 수 있는 말을 하지 않을 수 없다. 바로 청여수淸如水이다. 깨끗하고 투명한 물처럼 맑다는 이 말은 류승현이 함안군수에서 이임할 때, 고을 노인이 탁주 대신 물을 바치며 한 것이다. 탁주가 류승현의 성품과 걸맞지 않다는 이유에서 일부러 물을 바친다는 말과 함께 하였다. 자신을 알아주지 않아도 성을 내지 않으면 군자라고 하였는데, 자신을 알아준 이가 있었으니 얼마나 즐겁고 기뻤을까 하는 상상을 해보았다.

덧붙여, 혹 짐작할 수도 있겠지만 필자의 종가, 큰집이 용와종가이다. 그래서 애초에 이 책의 집필을 맡으며 결코 인정에 끌려 선양하거나 미화하거나 과장하는 우를 범해서는 안 된다는 쉽지 않은 부담이 있었다. 그래서 치우침이 없기를 수시로 다짐하였다. 기록과 사실에 근거하여 3자의 시각으로 서술하고자 더욱 노력하였다. 다 소용없는 일이 되었음을 잘 안다. 또한 석·박사 학위 논문을 각각 전주류씨의 가학과 정재 류치명의 경학을 주제로 썼기에 내심 용기가 있었지만 뒤늦게 욕심이 앞섰다는 것을 알았다. 그래서 원고를 완성하는 과정에 몇 배로 늘어난 부담을 느꼈고, 차라리 애초부터 필력을 갖춘 문장가의 붓 끝에 맡겨졌더라면 더욱 훌륭한 글이 탄생했을 것이라는 후회가 막심했다. 팔이 안으로 굽는다는 평범한 이치를 새삼 절실히 깨달았기에 모든 이에게 부끄럽고 죄스러운 마음을 금할 수 없다. 그럼에도 불구하고 내심 조상의 덕택으로 이와 같은 기회가 주어졌으리라는 의미로 위안을 삼는다면 지나친 마음일지 모르겠다. 오직 독자 제현에게 삼가 엎드려 절을 올릴 수밖에 없을 것 같다.

2018년, 올해는 용와 류승현과 용와종가 및 그 후손들에게 뜻깊은 해이다. 국립민속박물관과 한국국학진흥원 유교문화박물관이 공동 기획한 '가족이야기'에 용와 류승현·양파 류관현 형제의 가족이 선정되어 현재 국립민속박물관에서 '학문으로 대代를 잇다'라는 주제 아래 전시 중에 있다. 더구나 작년에 영남문화연구원에서 시행하고 있는 경북 주요 종가 영상물 및 소개 책사 제작 사업(8차년도)에 선정되었고, 이 책이 곧 세상에 나온다. 그런데 낳아준 조상을 욕되게 하지 말하는 말이 있듯이, 필자의 입장에서는 용와공의 11대손으로서 용와공에게 씻을 수 없는 누를 끼치고 오점을 남기지 않을지 두렵고 또 두렵다. 또 이 책을 기다리고 있는 용와종가 종손과 그 후손들의 따갑고 매서운 눈초리를 어떻게 피해 다녀야 할지 지금으로서는 방법이 없다. 아마 영원히 따갑고 매서움을 느끼며 자책할 것이다. 이 지면을 빌려 용서를 구하고, 그동안 베풀어 준 진심어린 격려에 감사할 따름이다.

이제 특별히 또 거듭 경북대학교 영남문화연구원 종가연구팀에게 감사를 드리고 싶다. 통례를 깨고 용와종가에 대한 책을 그 후손인 필자에게 집필을 맡겼다. 아무리 관련 분야에 종사하는 이에게 맡겼다고 해도 큰 부담을 안고 걱정하였을 것이다. 영남문화연구원장인 정우락 경북대학교 국어국문과 교수께서는 조심스럽게 사양하는 필자에게 격려를 아끼지 않고 용기를 주었다. 필자의 은사이고 큰 가르침을 주신 동 대학 한문학과 황위주 교수께서 해 주신 객관적 시각을 견지하라는 경계의 말씀은 아직도 귓가에 맴돌며 쟁쟁 울리지만, 차마 고개를 들 수 없다. 아울러 종가연구팀 최은주 연구원에게도 큰 고마움을 전한다. 필자는 원고를 쓰는 중간에 종종 건강이 좋지 않았고, 또한 설명하기 어려운 일신상에 외면할 수 없는 개인적인 사정도 이어졌다. 그럴 때마다 종가연구팀에게 사업일정에 대한 고민과 기다림을 안겼는데도 마지막까지 단 한 번도 질책하거나 싫은 표현 하나 없이 마무리할 수 있게 도와주었다. 또한 원고에 들어갈 사진을 제공해 주고 사용을 허락해 준 한국국학진흥원과 국립민속박물관의 최순권 연구원에게도 감사의 마음을 전한다.

마지막으로 외형과 실체가 모두 엉성한 원고임에도 불구하고 정밀한 교정 및 구성과 함께 산뜻한 모습으로 아름다운 옷을 입혀 준 경북대학교출판부 관계자에게도 삼가 경의를 표한다.

2018년 11월

삼가三檟의 회초리를 맞고 침간정枕澗亭 물소리를 그리며

류영수 삼가 쓰다

목차

제 1 장

아기산 아래 반천년의 터전

아기산 아래
반천년의 터전

1 호남의 뿌리, 영남에 가지를 뻗다

1) 수곡, 무실마을 500년 터전

삶의 터전에서 산은 우리에게 아버지처럼 든든한 등받이가 되고 물은 우리에게 어머니처럼 편안함을 준다. 이것이 바로 풍수에서 복거의 기본이 되는 배산임수이다. 약 500년 전으로 거슬러 올라가 보면, 16세기 중엽부터 경상도 안동부 임하현 동쪽 수곡水谷에 산을 등지고 물을 바라보며 터를 잡아 미래의 도약을 기대한 가문이 있다. 수곡은 우리말로 무실이라고도 하는데, 이 터를 등진 아기산峨岐山(阿岐山·鵝岐山)은 태백산의 맥을 이은 영양의 일월산이 뻗어 내린 마을의 진산이다. 굽어보이는 반변천半邊川은

1 수몰 전 수곡(무실) 전경 | 2·3 수몰 후 수곡(무실) 전경

기하사상岐下泗上

일월산에서 발원하여 유유히 흘러내린 위수渭水가 삶의 젖줄이 되었다. 아기산과 위수를 사이에 두고, 길안의 도연폭포 쪽에서 흘러 내려오는 사수泗水가 위수와 만난다. 이곳에 복거한 가문은 전주류씨 수곡파로, 세상에는 무실류씨로 더 잘 알려져 있다. 이 무실을 '아기산의 아래, 사수의 위'라는 뜻으로 기하사상岐下泗上이라고도 부른다.

무실의 전주류씨는 본래 전라도 완산부의 토성으로 시조인 완산백完山伯 류습柳濕의 다섯 아들과 사위 한 명이 모두 급제하여 벼슬길에 나가면서 흥기하기 시작하였고, 고려 말 신흥사대부의 가문으로 성장하였다. 류습의 차자 류극서는 신구세력 간의 갈등으로 희생되기도 하였는데, 그의 매부가 심효생沈孝生이고 처남이 하륜河崙이었다. 류극서의 차자 류빈柳濱(1367-1436)은 1386년 문과에 급제하면서 태종 이방원과 동갑 계원으로 교분을 쌓았고, 조선 창업의 공을 인정받아 개국 1등 공신에 녹훈되기도 하였다. 또 보문각 직제학·지제교 등을, 외직으로 여흥군수·양광도 안찰사·연안부사·진보현감·영흥대도호부사 등을 역임한 뒤 사후에는 통정대부 이조참의에 증직되었다. 진보현감을 역임하면서 영남과의 인연을 맺은 그는 첫 부인으로 예안에 거주하던 역동易東 우탁禹倬의 외증손녀인 덕산윤씨, 두 번째 부인으로 우탁의 증손녀인 단양우씨를 맞이하였다. 이를 계기로 전주류씨는 거의 처음으로 영남과의 인연을 맺었다. 또 류극서·류빈 부자의 묘가 각각 예안의 호암동虎巖洞(범바위)과 영주의 종릉鍾陵에 있기도 하다. 이후 3대를 지나 16세기 중반에 인의引儀 류윤선柳潤善이 영주군수로 부임하는 형 류윤덕을 따라 낙남하여 당시 영주의 사족이던 박승장朴承張의 사위가 되면서 다시 본격적으로 영남과의 인연을 이어 갔다. 그 아들 류성柳城(1533~1560)은 안동 임하현 천전川前(내앞)의 의성김씨 중흥조인 청계靑溪 김진金璡의 장녀인 김옥정金玉貞(1536~1563)과 혼인하여 맏사위가 되고, 임하현에서 동쪽으로 약 15리 떨어진 수곡에 복거하면서 비로소 입향조가 되었다. 이로써 실질적으로 전라북도 전주를 본관으로 하는 경상도 안동부인安東府人이 되었다. 학봉鶴峯 김성일金誠一(1538~1593)의 누이이기도 한 김옥정은 15세에 수곡파로 출가하여 기봉岐峯 류복기柳復起(1555~1617)와 묵계墨溪 류복립柳復立(1558~1593) 두 아들을 낳았다. 따라서 류복기 형제는 바로 김진의 외손자이자 김성일의 생질이 된다. 수곡파는 당시 안동의 명문사족 중 의성김씨의 실질적인 중흥조라 할 수 있는 김진의 장서 가문이 되면서 경제적 지원까지 받아 별 무리 없이 복거 기반을 마련하는 듯하였다. 하지만 류성이 28세의 나이로 요절하는 불행을 겪게 된다. 다행히 두 아들이 있긴 하였지만 절박한 상황이었다. 입향조로서 더욱 그러했을 것이다. 더구나 두 아들은 열 살도 채 되지 않았다. 한편 김옥정은 남편이 세상을 떠나자 손수 주자의『가례』를 언문으로 번역해 가면서 3년 상례를 법도에 따라 마쳤다. 그런데 상을 마치는 날부터 곡기를 끊고 두 아들을 남겨 둔 채 남편을 따라 순절하고 만다. 그때의 사정은 대대로 전해져 오는데, 류동환柳東煥이

문소김씨 정려각

1954년에 언문가사로 지은 「전주류씨 세덕가」에 자세하게 나와 있다. 이 일을 계기로 그녀는 1635년 조정으로부터 정려를 받았고, '절부 고 유학 류성 처 문소김씨지각節婦故幼學柳城妻聞韶金氏之閣'이라는 정려각에는 해월헌海月軒·매월헌梅月軒 황여일黃汝一이 지은 비문이 남아 있다.

류복기 형제는 각각 3, 6살의 어린 나이에 아버지를 잃고 6, 9살에 또다시 어머니마

저 잃으며 고아의 신세가 되었다. 이후 조모 나주박씨 슬하에서 외가인 학봉 김성일에게 의탁되어 성장하게 된다. 한편, 유년기에 류복기 형제가 외가에서 성장한 사실은 수곡파가 학문적으로 성장할 수 있는 기초적인 환경을 제공해 주어 전화위복의 계기가 되었다. 류복기는 약관의 나이에 초행을 가고 결혼하였다. 류복기의 행장에는 결혼과 관련하여 일화가 전한다. 초행을 가는 도중에 주변에서 신부가 맹인이고 농아라 하는 등 자신을 시험하는 간혼이 있었다. 그럼에도 불구하고 그는 흔들림 없이 인륜의 도리를 지켜 아내로 맞이하여 주변으로부터 분명 큰 복이 있을 것이라 칭송받았다. 결혼을 한 후에도 두서가 없는 가운데, 류복기 형제는 10세 전에 부모를 잃고 약 10년간을 외가에서 어버이 같은 김성일의 보살핌 속에서 성장하였다. 김성일은 두 형제를 위하여 생활 전반에 있어서 매우 사소한 것까지 보살펴 주었고, 특히 근신勤愼·학문學問에 있어서는 더욱 각별한 가르침을 주었다. 이는 류복기 형제가 정착하는 과정에서 가문을 안정시키고 유지해 가는 원천이 되었다. 한편, 류복립은 1588년 무렵 경기도 양지의 큰집인 류윤덕柳潤德의 손자로 출계하게 되었다. 이후 임진왜란이 발발하자 김성일을 따라 참전하여 진주성 전투에서 36세의 나이로 순국하였다. 1593년 4월 김성일이 전장에서 세상을 떠난 뒤 60여 일의 항전 끝에 성이 함락되자, 류복립은 단신으로 분전하다 전사한 것이다. 이에 따라 수곡파의 운명은 오직 류복기에게 맡겨지게 되었다.

류복기의 부인은 영덕정씨로 정진鄭滔의 딸이다. 훗날 숙부인으로 수증한 부인과의 사이에서 우잠友潛·득잠得潛·지잠知潛·수잠守潛·의잠宜潛·희잠希潛 등 여섯 명의 아들을 두었다. 장자 류우잠은 우계이씨 이찬李纘의 딸과 혼인하여 숙橚·직稷·욱榔·학欅·격格 등 5남을 두었으며, 그 다섯 아들은 차례대로 2남·2남·1남·4남·2남을 두었다. 류복기는 자신의 손자 대까지 가문을 이어 줄 22명의 후손을 얻은 것이다. 이로써 수곡파는 3~4세대만에 가문의 안정과 번창의 기본적이면서도 중요한 요소인 인적 토대를 갖춘 셈이다. 입향 3세대에 종파인 류우잠의 도헌파陶軒派, 류득잠의 연암위파燕巖位派, 류지잠의 용암위파龍巖位派, 류수잠의 경곡위파徑谷位派, 류의잠의 밀동위파密洞位派, 류희잠의 참판위파參判位派 등으로 분파되었다. 자손들은 수곡파 종가를 중심으로 인근 지역으로 지역적 활동기반을 넓혀 가기 시작하였다. 표곡瓢谷(박실)·대평大坪(한들)·고천高川(고랫골)·갈전葛田(갈밭)·마령馬嶺(맛재)·주진舟津(배나들, 삼산三山)·청송 지역 등 주변 일대로 가문의 영역을 확장하면서 이른바 가학을 바탕으로 누대에 걸쳐 이어 간다. 한편, 류복기의 아들과 손자들은 차례로 안동의 유수 가문들과 혼인을 맺었고, 그 딸들은 차례로 동래정씨·전의이씨·의성김씨에게 출가하였다. 또 손녀들은 안동권씨·영양남씨·안동김씨·우계이씨·선성(예안)김씨·광산김씨·흥해배씨 등에게 각각 출가하면서 서서히 지역의 명문가들과 혼인관계를 맺어 가기 시작하였다. 영남 지방의 혼인이 대체로 상대 선조의 혈통을 절대적으로 중시한다는 점

전주류씨 수곡파 상조계보

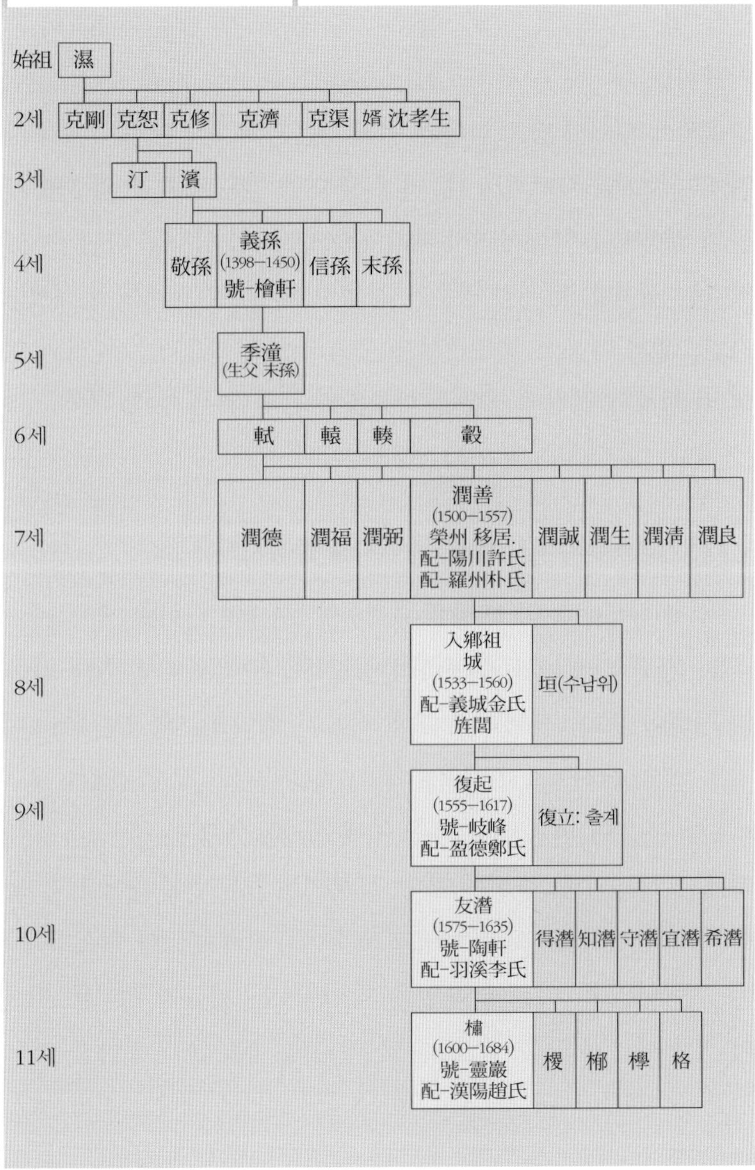

에서 의성김씨 청계 김진의 장서長婿·학봉 김성일의 자부姊夫의 인연을 맺은 수곡파는 점차 안동을 중심으로 한 명문사족과의 혼인관계를 형성해 나갈 수 있는 유리한 조건을 가질 수 있었다. 수곡파에 있어서 당시 안동의 여러 가문과의 혼인관계는 여러 가지 의미를 내포하고 있는데, 가장 중요한 것은 수곡파 외부로 가문의 영향력을 확대하면서 재지사족으로서의 입지를 다질 수 있었다는 점이다. 당시의 명문가·문벌가와의 혼인관계를 통해서도 자연스럽게 학문적 교유관계가 구축되었고, 아울러 수곡파의 형성 및 정착과 발전에 영향을 끼쳤음을 간과할 수 없다.

2) 기봉岐峯 류복기柳復起, 수곡파를 중흥시키다

수곡파의 입향조 류성이 불행히도 28세의 나이에 세상을 떠나고, 장남 류복기가 수곡파의 실질적인 중흥조로서 훗날 가학의 연원이 된다. 류복기에 대한 평가는 정와貞窩 황용한黃龍漢이 지은 행장, 삼산三山 류정원柳正源이 지은 「묘지」 및 한강寒岡 정구鄭逑가 1607년 안동부사 재임 시에 유생들에게 유시한 글 등에서 잘 알 수 있다. 종합해 보면, 류복기는 1555년에 태어나 열 살이 되기 전 양친을 모두 여의고 외숙이자 스승이었던 학봉을 좇아 수학하였고, 약관에 부인을 맞이해서는 인륜의 의리를 지켰다. 만년에는 서당을 설립해 자신의 수양처로 삼고 후학을 가르치면서 여생을 보내다가 1617년 63세의 일기로 세상을 떠났는데,

주변으로부터 문학과 덕행으로 존경을 받았다. 또 독서에 심취하여 그 학문의 끝을 엿볼 수 없었고, 심후한 덕성과 행신에 지조가 있었다고 평가받았으며, 주변의 교유인물들로부터도 근후한 심성뿐만 아니라 학식과 덕행으로도 인정받았다. 특히 정구로부터는 상당한 학문적 성취를 이룬 사람으로 평가받았다.

한편, 류복기는 학봉과 같은 직접적인 학문 연원과 더불어 그 내면에는 또 다른 정신적 연원이 있었다. 수곡파의 상계에는 시조 류습 이후 7세 류윤선까지 사환과 학문으로 명성을 얻은 이들이 많았다. 그중 류복기가 보본추원의 의지로 정신적인 연원을 삼은 대표적 두 인물이 있다. 첫 번째 인물은 회헌檜軒 류의손柳義孫이다. 1419년 생원시에 합격한 후 세종조에 문과에 급제하고 세자시강원 좌보덕·도승지 등을 역임하면서 이조판서에 추증되었다. 또 문학에 조예가 깊어 『동문선』에 그의 작품이 실렸고, 문장과 덕행으로 인해 '집현전 삼선생'으로 일컬어졌다. 특히 수곡파에서는 그의 불사이군의 충절을 추숭한다. 1453년 계유정난이 일어나자, 전주의 황방산黃方山에 들어가 소와정笑臥亭을 짓고 은거하면서 지은 시 「소와정笑臥亭」은 대대로 읊어지고 있다.

소와당의 주인옹 한가로이 누워 웃고 있는데,	笑臥堂翁閒臥笑
하늘 우러러 실컷 웃고서 다시 한참을 웃는다네.	仰天大笑復長笑
주인이 웃는다고 옆에 사람들 비웃지 말게,	傍人莫笑主人笑
찡그릴 때 찡그려지듯 웃어야 할 때 웃게 되는걸.	顰有爲顰笑有笑

그는 세조가 즉위한 후 이조판서에 임명되었으나 나아가지 않았다는 이유로 귀양을 가고 결국 유배지에서 세상을 떠났다. 이와 같이 충절을 지키며 의리에 맞지 않으면 물러나 은거하고자 하는 확고한 의지를 지녔다. 사람들이 시사나 세도에 대해 물어 오면 초연히 웃어 버리고는 얼른 누워 버린 채 대화나 질의에 응대하려 하지 않아 '소와선생笑臥先生'이라고 불렸다. 또 한 인물은 문목공文穆公 진일재眞一齋 류숭조柳崇祖(1452-1512)이다. 1489년 문과에 급제하여 교서관 정자에 발탁되어 사유록에 들었고, 18년 동안 여러 관직을 역임하였으나 거의 성균관을 벗어난 적이 없었다. 정암 조광조 등 신진유림의 스승으로서 당시에 성리학풍을 크게 북돋웠는데, 『강목십잠綱目十箴』 및 『성리연원촬요性理淵源撮要』는 그의 대표적인 저술이다. 이 밖에도 『서경』·『역경』·『예기』 등 경학에 밝았으며, 천문과 역상에 통달하여 손수 혼천의를 만들기도 하였다. 특히 필생의 정력을 쏟아 만든 『칠서언해七書諺解』는 경서 언해의 효시로서 후대에 큰 평가를 받고 있다.

류복기는 류의손·류숭조 등으로 대표되는 명조名祖의 명성을 이어서 수곡에서 그 명성을 재현하고자 하는 의지가 내면에 잠재해 있었다. 특히 류의손을 수곡파의 정신적 연원으로 삼고 그 유업을 후손들에게 전하여 대대로 계승하고자 하였다. 후산后山 이종수李宗洙가 지은 기양서당 추원사 상향축문常享祝文은 수곡파, 특히 류복기의 내면적 연원이 류의손에게 있으며, 직접적으로는 김성일의 학문을 전수받고 있음을 함축적으로 보여 주고 있다.

전주류씨 수곡파 종택

회헌 선생의 가업을 이어 받고 학봉 선생 제자로,	檜翁裘箕 鶴老衣鉢
후손에게 깊은 덕 전해 주시니 영세라도 잊으리까.	德深裕後 永世可忘

류복기의 학문과 사상의 연원은 먼저 혈연적 관계에 있는 의성김씨, 특히 김성일이었다. 이것은 그의 직접적인 연원이었고, 내면적으로는 류의손 등의 명조를 연원으로 하고 있다. 하지만 당시로 보면, 이는 류복기 자신만의 학문 연원이었고 뿌리였다. 이 연원과 뿌리를 바탕으로, 류복기 수곡파의 기반을 다지고 가학을 이루어 가는 과정에서 자신의 호를 기봉岐峯으로 하였다. 호에 대한 뚜렷한 설은 없지만, 선대가 터를 잡은 아기산 아래에서

실질적인 중흥조로서 수곡파의 우뚝한 봉우리가 되고자 했고, 외숙부 김성일의 가르침을 받고 성장한 만큼 아기산 아래 '수곡파의 학봉'이 되고자 했기 때문이 아니었는지 유추해 볼 수 있다. 이에 그는 이황의 학문을 적전한 김성일의 학문과 사상 및 류의손 등의 정신적 연원을 후대에 전승할 수 있는 모범적인 방법을 찾고자 하였을 것이다.

아기산 아래
반천년의 터전

2 기도유업岐陶遺業, 문향文香으로 피어나다

1) 기도유업岐陶遺業, 훌륭한 선비가 되라

수곡파는 최소한 영남에서만큼은 나름대로 명성을 얻은 가문에 속하는데, 그 이유는 그들이 대대로 전한 가학을 바탕으로 이룩한 학문의 성과 때문이다. 그들의 가학과 정신을 상징하는 말이 바로 기도유업岐陶遺業이다. 기도유업이란 기봉 류복기와 도헌 류우잠 부자의 호 첫 글자를 따서 명명한 것으로, 그들이 생전에 이룬 공업뿐만 아니라 후손들이 이어가야 할 학업을 뜻하는 말이다. 그것은 바로 선사善士, 훌륭한 선비가 되라는 것이었다. 이는 외숙부 김성일의 절실한 바람이자 유훈이기도 하였다.

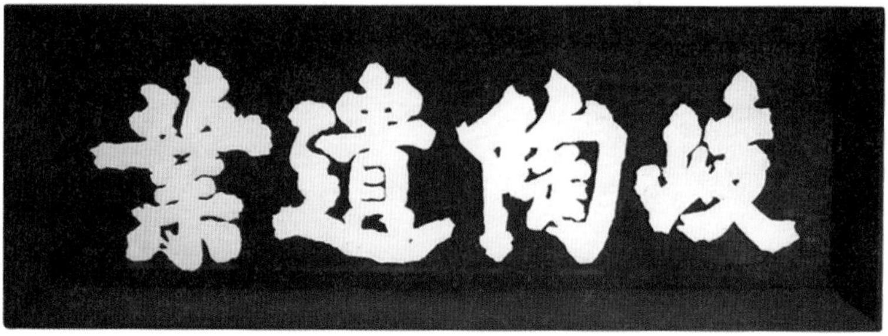

기도유업, 난곡蘭曲 김강한金江漢이 갈필葛筆로 쓴 것이다

류복기가 직접 지은 「학봉선생행적」에서 김성일의 유훈을 다음과 같이 적고 있다.

> (외숙께서) 평거하실 때는 매번 자제들에게 각각 뜻하는 바를 말하게 하시고, 이어 훈계하시기를 "세간의 뜬 영화는 귀하다 할 만한 것이 아니다. 입신양명이 내 비록 원하는 바이지만 만약 이루지 못한다 하더라도 처신에 허물이 없이 한 고을의 훌륭한 선비[一鄕之善士]가 된다면 족할 것이다."라고 하셨다.

수곡파 복거 초기, 류복기는 일찍 어버이를 여의고 외로운 집을 지켜야 했다. 먼저 자신이 훌륭한 선비가 되어야 했고, 그래야 지킬 수 있었다. 그 조건은 여러 가지가 있을 것이지만, 그가 절실히 소망한 것은 입신양명보다는 오히려 처신에 허물이 없는 한 고을의 훌륭한 선비가 되고자 한 것이었다. 그래서 후손에게 물

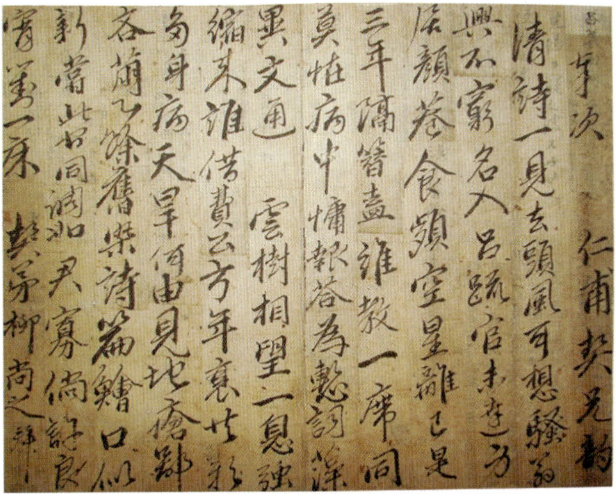

류우잠 친필 시고

려줘야 할 가장 큰 유업은 가문을 반석에 올려놓고 중흥시키는 것이었다. 이를 이어 류우잠의 유업은 가문을 안착시키고 후대로 잇는 가교 역할이었다.

류우잠은 1575년에 태어나 1635년에 세상을 떠났다. 석문石門 정영방鄭榮邦과 처남 매부 사이이고, 우계이씨와의 사이에서 5남 1녀를 두었는데, 그 가운데 둘째 아들 백졸암百拙庵 류직柳稷은 진사로 훗날 불천위가 되었고, 다섯째 아들 류격柳格은 생원이었다. 특히 넷째 아들 류학은 류우잠이 병석에 누워 있을 때 단지斷指, 곧 손가락을 잘라 그 피를 부친에 먹여 목숨을 살린 극진한 효자였다.

류우잠은 아버지 류복기, 둘째 아들인 류직과 함께 3대에 걸쳐 뛰어난 문장과 후덕한 인품으로 사림의 중망을 받음으로써 무실의 전주류씨를 영남의 명문으로 자리 잡게 하는 데 중추적인 역할을 하였다. 학문을 좋아하고 날마다 독서를 가까이하면서 창석蒼石 이준李埈·경당敬堂 장흥효張興孝·표은瓢隱 김시온金是榲 등 당대 명유와 도의로 사귀었다. 또 임진·정유 양란 시에는 아버지를 따라 함께 의병으로 참전하기도 하였다. 양란 후에는 당시 체찰사가 안동부를 순찰하자 향중을 대신하여 「진폐조목陳弊條目」 6조를 지어 올려 부민들이 겪고 있는 현안 문제에 대하여 진정하면서 적극적인 애민정신을 보여 주었다. 이후 1627년 정묘호란 당시에는 인조의 강화도 피난 소식을 듣고 분개하여 동지들과 구원을 도모하였다가 화의가 이루어졌다는 소식을 듣고 좌임左衽(오랑캐, 후금後金)에 굴복한 치욕에 비분강개하였다. 이어 과거 응시를 접고 은거하며 독서와 강학에 전념하였다. 시문학에 뛰어나 당시의 명사들에게 인정을 받고 있었으며, 특히 경옥景玉 이보李簠는 산림山林의 재상宰相이라고 칭송하였다. 또 갈봉葛峯 김득연金得硏이 지은 제문에는 "오류五柳(도연명)의 청풍淸風이요, 북창北窓의 황희皇羲이며, 향중에선 영수요, 중인衆人에게는 사표로다."라고 하였다.

류우잠은 단순히 수곡파 대종손이라는 지위뿐만 아니라, 퇴계를 적전한 김성일의 학문을 계승한 아버지 류복기의 사상과 학문을 후대로 전수해야 하는 막중한 책임이 있었다. 그는 먼저 「문중완의門中完議」를 통하여 번창해 가는 후손들에게 추원보본의 정신을 함양하고 종족 간에 뜻을 모으도록 하였다. 「문중완의」의 서문을 통해 핵심을 요약하면, 당시 예안 호암산(현 안동시 녹전 죽송리)에 있는 류극서의 묘와 영주 종릉산(현 영주시 문수면 승문리)에 있는 류빈의 묘소 종릉에 대한 보수를 통해 종족의 결속을 다지기 위함이었다. 바로 선조를 받들어서 종족이 두터워지는 의리를 모으고자 한 것[以奉先祖 收宗族之厚義]이었다. 입향 3세대를 거치면서 「문중완의」는 수곡파가 결속의 바탕을 마련하는 데 중요한 역할을 하였으며, 향후 거의 500년 동안 끊임없이 지탱해 갈 수 있었던 정신적·실천적 버팀목이 되었다. 그가 세상을 떠나기 전에 남긴 유훈이 있어 옮겨 본다.

> 각자 너희들의 행동거지를 삼가서 네 부모와 조상을 욕 되게 하지 않는다면 나는 더 이상 유감이 없을 것이다.

수곡파는 류우잠의 뒤를 이어 류숙–류진휘–류종시로 이어지는 종파를 중심으로 유업을 계승하면서 입향 7세대에 월회당月會堂 류원현柳元鉉에 이르러 재도약의 기반을 다진다. 월회당이란 호는 매월 한 차례 종족들이 회합하여 신의를 다지고 화목을 돈독히 하고자 하는 뜻에서 삼은 것이다. 수곡파 종친들은 대종가에서 또는 기양서당에서 모였다. 호와 류현시가 지은 「월회당기」를 보면, 정자의 "인가에는 모름지기 매월 한 번씩 일족이 회합하여 골육의 정을 통해야 한다."라는 말을 빌렸다고 하였다. 류원현은 종손으로서 가학을 전승하는 책임과 종족을 결속하고자 하는 뜻을 담아 호로 삼고, 선대의 유업을 계승하고자 한 것이다. 시기적으로 점차 종족이 분파되어 흩어져 살아야 하는 상황에서 이것이 자신의 최대 과업이라고 여겼을 것이다.

2) 가학家學의 전당, 기양서당岐陽書堂

류복기는 외가에서 성장하면서 외조부 김진이 부암서당傅巖書堂과 임천서당臨川書堂 등을 열어 문중 및 향촌 자제들의 교육에 치력한 모습을 보았다. 나아가 천전(내앞) 김씨의 다섯 마리 용(천김오룡川金五龍)으로 불리는 다섯 외숙부 김극일·김수일·김명일·김성일·김복일 등이 모두 대·소과에 급제하고 합격한 사실을 잘 알고 있었다. 이러한 모범을 가장 가까이서 보고 경험했던 류복기는 1615년 61세가 되던 해에 비로소 기양서당岐陽書堂을 건립하였다. 세상을 떠나기 2년 전에 건립한 것으로, 당시에는 자신의 공부와 후학을 양성하는 개인 서재 및 가숙家塾(글방)의 형태였다. 강당인 역락당亦樂堂을 두고 동서에 각각 광업재廣業齋·숭덕재崇德齋를 두었는데, 모두 류우잠이 명명한 것이다. 100여 년 뒤 1차 중수하여 서당의 면모를 갖추었고, 1752년 서당 뒤에 추원사追遠祠를 건립하여 사당의 형태로 발전시켰으며, 문장과 학문의 비조로 받들어지는 류의손과 중흥조 류복기를 제향하였다. 다시

수몰 전 기양서당 전경

기양서당 당호

현재의 기양서당 전경

100여 년 뒤 1860년에 중건하였고, 1987년 임하댐 건설에 따라 현재의 위치에 이건하였다.

류우잠이 아버지를 대신해 지은 상량문과 이후의 중수·중건 기문 등을 보면, 서당의 건립 목적과 학문에 대한 수곡파의 의지 및 소망을 엿볼 수 있다. 아래는 그 상량문의 일부이다.

나는 오직 "어린아이들을 가르쳐야 한다."고 말하노라. … 어찌 하늘이 재주를 다르게 내렸겠는가! 비록 요순도 뭇사람들과 같을 뿐이리라. 가르침에 차이를 두지 않음은 이미 성현의 경전에서 교훈을 주셨는데 하지 않고 어찌될까? 또 옛말에서 훈계함을 들으니, 진실로 흥기하고자 하는 뜻이 있다면 어찌 새로이 만들 방법이 없겠는가! … 삼가 바라건대, 상량한 후에 숲속에서는 호표虎豹 같은 짐승이 멀어지고 골짜기에는 교룡蛟龍이 없게 하소서. 동인同人을 이끌고 난실의 향기를 맡으며 이택麗澤의 바탕이 되고, 세속 꿈을 사절하고 맑은 물에 몸을 씻고 고산을 우러르며, 입에는 시가 멈추지 않고 손에서는 책 펴기를 멈추지 않아 더욱 발전하여 앞으로 나아가며, 혀로는 밭을 갈고 마음으로는 실을 짜면서 항상 밤낮으로 부지런히 덕으로 훈도하여 선량하게 하고 어리석음을 깨쳐 박문약례博文約禮하면 선비가 이에 많이 나서, 그 글[文]이 여기에 있지 않으랴!

서당을 건립하면서 "어린아이들을 가르쳐야 한다[孺子可敎]."는 의지에 가득 차 있었다. 바로 외숙 학봉과 아버지 기봉의 유훈을 계승한 것이었다. 진실로 가문을 흥기시키고자 한 절실한 소망이 었고, 가문의 명운을 오직 후손의 교육에 걸었던 것이 아니겠는가. 또 훈몽의 결과로서 미래에 훌륭한 수곡파 선비들이 많이 배출되기를 염원하였는데, 그 수단은 바로 글[文]을 통한 것이었다. 이 서당을 중심으로 후손을 가르치려는 노력은 끊임없이 이어졌다. 이는 기양서당 창건 이후의 중요한 사항을 기록한 『기양지岐陽誌』와 『삭망강안朔望講案』을 통해서 확인할 수 있다. 이 가운데 『삭망강안』은 류치명이 1831년 작성한 것으로 매월 초하루·보름에 기양서당에서 학생들을 가르쳤던 강안이다. 같은 해 9월, 류치명은 편지를 통하여 가학의 유풍이 쇠퇴하고 후손들이 습속에 빠져 해이해지는 것을 염려하여 문중 전체를 대상으로 학문을

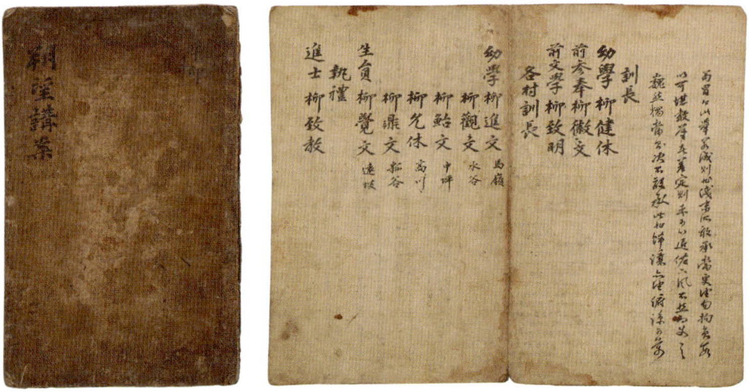

『삭망강안朔望講案』

장려하도록 권고하였다. 특히, 기양서당에는 사표가 될 만한 선배들을 선발하여 3명의 훈장을 두고, 각 지역별로 훈장을 두어 수곡파 학문의 연속성을 고려하였다. 당시 기양서당 훈장은 류건휴·류휘문·류치명 등 3명이었고, 분파한 각 마을의 훈장[各村訓長]은 차례대로 마령에 류진문柳進文·수곡水谷에 류관문柳觀文·중평中坪에 류태문柳鮐文·고천高川에 류윤휴柳允休·표곡瓢谷에 류정문柳鼎文·원파遠坡에 류각문柳覺文 등 6명이었고, 집례 류치교柳致敎 1명을 두었다. 또 「문강시 절목門講時節目」 19조·「재거학규齋居學規」 7조 등 구체적인 운영방안과 학칙을 마련하고, 「삭망강홀기朔望講笏記」와 「백록동규白鹿洞規」를 부록하여 강학 절차와 교육 목표를 분명히 마련해 놓았다.

기양서당은 수곡파 가문의 결속을 다지고 가학이 형성되고 발전하는 데 있어 공간적으로 중요한 산실이자 실로 가학의 전당이었다. 이후 강회와 종회의 장소로 활용되었고, 지금까지도 끊임없이 그 역할을 수행하고 있다. 누구나 중요성을 인식하고 있듯이, 류복기 부자는 동몽교육에 혼신의 힘을 기울였고, 자신들만의 방법으로 가정교육을 실천하였다. 그 결과 누대에 걸쳐 훌륭한 선비가 배출되고 훗날 실제로 자타가 공인하는 학문적 결과를 이룩할 수 있었다고 할 수 있다.

수곡파는 약 500년 전 자신들의 가문을 중흥시킨 기봉 류복기와 가문의 결속을 다진 도헌 류우잠 부자를 추숭하면서, 기도유업을 가학의 연원으로 삼아 지금까지 큰소리로 구호하고 있고, 앞으로도 그럴 것이 분명하다. 그들의 가학의 전당인 기양서당에서 말이다. 수곡파는 기도유업을 계승하며 기양서당을 중심으로 다양한 방법으로 학문을 닦았고 세대의 변화에 따라 가학 전승의 기반과 환경을 조성하였다. 후손들의 성장 과정에 단계적으로 새롭게 길을 제시하면서 기양서당을 비롯하여 정자·서숙(서재) 등의 강학의 공간을 적극적으로 마련하였다. 또 한두 사람을 두고 가르친 것이 아니라 문중의 자제들을 함께 모아 교육하면서 구체적인 훈계 내용을 담은 잠·명 등을 지어 가시적인 방법을 활용하기도 하였다. 특히 교육 지침서와 학령 등의 구체적인 조목을 규정하여 실천적 방법론을 제시하였고, 동몽교육의 기본 교재 중의 하나라 할 수 있는『소학』등을 중심으로 한 별도의 교육 자료를 자체적으로 편찬하여 학습교재로 삼았으며, 선대의 행적과 언행을 총집한 가훈 등을 별도로 만들어 후손들의 모범으로 삼았다. 이러한 가학의 전승은 대대로 이어진 가계 내 사승관계가 결정적인 역할을 하였다.

16세기 중엽 이후 수곡파 가학의 구체적 흐름은 대표 인물들의 사승관계를 통해 알 수 있다. 수곡파 가학은 입향 3세대 류우잠 대까지는 부자·형제 간의 사승관계를 통해 전승되면서 본격적으로 전개된다. 11세대 이후는 19세기 퇴계학파의 적전이자 종장으로 불리는 정재 류치명을 스승으로 삼는 범수곡파적 사승관계가 형성되었다.

(1) 도헌 류우잠계: 류복기 장자, 3세대. 5남(橚·櫻·榔·櫸·格)

4세대에 이르러 류우잠계에는 류직이 중심에 있다. 그는 류우잠의 차자로서, 1630년 진사시에 합격했으나 과거에 뜻을 두지 않고 독서를 즐기며『중용』과『대학』등의 경전 연구에 힘썼다. 그는 학문에 전심하며 후진양성에 심력을 바쳐, 그 문하에서 많은 인물이 배출되기도 하였다. 그의 아우인 류학과 류희잠계의 족제 류지 등이 제자가 되었고, 5세대인 조카 류정휘 및 수남위계의 류계휘 등과 류경시(류학의 손자)·류현시(류계휘의 아들) 등 족손인 6세대에게 직접적으로 전해졌다. 5세대 수곡파 종손인 류진휘는 류숙의 장자로 시문에 능했다고 한다. 그는 1659년에 진사에 합격하였으며, 장자 류종시·차자 류봉시 형제에게 그 학문을 전하였다. 6세대 류종시는 생원으로 밀암 이재·하당 권두인·옥천 조덕린 등과 교유할 만큼 학문적으로 인정을 받은 인물이었다. 그의 학문은 장자 생원 월회당 류원현에게 전해지면서, 10세대 생원 류정엽을 거쳐 12세대 류가진, 13세대 류태영, 14세대 류동식, 15세대 류정희, 16세대 류건우 등에게 차례로 전해지면서 수곡파 종가의 학맥을 이어 갔다. 한편, 류봉시는 철저한 가정교육을 통하여 7세대 류승현·류관현 두 아들을 문과에 급제시키며 류우잠계 가학의 1차 전성기를 맞이하였다. 7세대 류승현의 학문은 그 아우인 류관현을 비롯해서 8세대인 장자 류도원·조카 류장원 및 류정원·9세대 족손 류귀휴에게 전수되었으며, 심지어 류복기의 삼자 류지잠의 10세대 족증손 류윤문이 그의 제자가 되기도 하였다. 한편, 류관현의 학문은 자신의 종고조부인 류지잠계의 현손이자 족제인 류화현 등에게 전하였다. 그의 가학은 8세대 류통원·류도원·류장원 등에게 이어진 후 류회문–류치명–류지호–류연박–류동시 등에게로 직접적으로 전수되어 사승관계를 형성하였다. 7세대에 이르러 류승현 형제 등 문과 급제자를 내는 등 수곡파 가학 전반에 전성기를 맞이하기 시작하여 8세대에 이르러서는 학문적으로 더욱 꽃을 피운다. 그중 류도원의 학문은 다시 류승현의 제자이자 아우인 류장원·9세대 장자 류범휴와 조카 류성휴·10세대 손자 류노문과 류정문·족손 류회문에게 전해졌다. 류도원에게 공부한 류장원도 족손 류정문에게 전하는 상호보완적 수수관계를 형성하였다. 또 그의 학문은 가까이는 장자 류천휴·손자 귀수 류약문·종형제인 강포 류홍원 등으로, 멀리는 류지잠계의 조카 류건휴·족손 류병문·류휘문·아곡 류두문·류락문 등 9, 10세대 후손들에게 전해졌다. 그중 류장원의 학문 전수에 있어서 주목할 점은 수곡파 11세대 족증손 류치명이 그의 제자라는 것이다. 류치명은 류관현의 현손으로 조부 류성휴·아버지 류회문을 포함해 자신의 직전 세대의 여러 학자들로부터 학문적 영향을 받았음은 당연할 것이다. 게다가 당대의 거유인 종증조부 류장원을 적전하여 학문적 성취를 이루었다. 류정원은 류익휘의 증손이다. 그는 류승현의 제자가 된 후 10세대에 손자 류휘문에게 가학을 전수하였다. 류휘문은 류정원의 현손인 류형진에게 전수하였다. 류형진은 자신의 학문을 13세대 조카 류필영에게 전한 후 14세대 류인식에게로 이어졌다. 류직의 직계로는 증손인 7세대 류석두와 8세대 류광렴 부자가 그 학문을 이어 갔으며, 이들은 모두 이현일의 문인이기도 하였다. 또 류우잠의 3자인 류욱의 현손 류원원이 가학을 이어 생원이 되었으며 『구서軀書』의 저자이기도 하다. 류우잠의 4자이자 중형 류직의 제자였던 류학은 손자 류경시를 다시 류직의 제자가 되게 하여 함께 가학을 전수받았다. 류경시는 문과에 급제한 후 관직생활의 청렴함으로 청백리에 녹선되는 등 안팎으로 덕행과 학문의 성취를 이루었고, 그의 학문은 다시 아들인 류진현과 류사현 형제에게 전승되었다. 또한 8세대 류진현의 아들 류홍원은 아버지의 교육을 받으면서 족종인 류장원의 제자가 되어 맥을 이어 갔다. 이상에서 류우잠계의 사승관계를 대략적으로 살펴보았다. 여기에서 주목할 사실은 수곡파 11세대에 이르러 '류치명'이라는 인물을 배출함으로써, 그를 중심으로 가학의 사승관계가 가문 전체에 정립되었다는 것이다. 이는 류치명 문인들을 기록한 「평상급문제현록」에 수록된 친족 인물의 수와 범례를 보면 구체적으로 알 수 있다. 그의 친족 제자 수는 숙항에 류성문을 비롯한 9명(10세대)·동항에 류치덕을 비롯한 38명(11세대)·질항에 류정호를 비롯한 40여 명(12세대)·손항에 류필영을 비롯한 10여 명(13세대) 등 70여 명 이상이다. 이와 같이 류치명을 스승으로 삼은 수곡파 사승관계는 무려 상하 4세대를 아우르고 있다. 또한, 다수의 제자들은 용암 류지잠계와 수남위 류원계의 친족들까지 포함하면서 류치명을 중심으로 하는 범수곡파적 사승관계를 구축하였다.

(2) 용암 류지잠계: 류복기 3자, 3세대. 2남(榦·檼)

류지잠은 「여씨향약」의 교훈을 가문에서 실천한 인물이다. 류지잠계의 주요한 인물로는 7세대인 류화현과 9세대인 류건휴·류소휴 형제, 10세대인 류윤문·류두문·류락문 등이 있고, 11세대에는 류소휴의 아들인 류치덕과 류두문의 아들인 류치구 등이 있다. 7세대 류화현은 류우잠계의 족형인 류관현에게 수학한 이후 손자인 류건휴와 류소휴 형제에게 자신의 학문을 전하였다. 류장원의 제자이기도 했던 류건휴는 류소휴의 손자이자 류치명의 제자인 류치덕과 족손인 류치구에게 전하였다. 류지잠계의 주손인 10세대 류윤문은 류치명의 문인이 되어 종형제인 류두문과 류락문 등과 함께 그 학문적 역할을 14세대 류동수, 16세대 류건두 등에게로 전하면서 가학을 이어 갔다.

(3) 참판공 류희잠계: 류복기 5자, 3세대. 2남(楗·楷)

주요 인물로는 입향 4세대에 종형 류직의 문인인 류지와 류경휘 부자가 있다. 류지의 가학은 그의 증손이자 7세대인 생원 류태제가 이어 갔으며, 11세대에 이르러 류치호와 류치확이 류치명의 문인이 되면서 가학을 전수하였다.

(4) 수남위 류원계: 입향조 류성의 아우

주요 인물로는 류원의 현손이자 5세대 류계휘와 류현시 부자와 7세대 류택현 등이 있다. 5세대인 류계휘는 족부인 류직의 문인으로 진사였다. 4세대 류현시도 족조인 류직의 문인이 되어 류계휘와 함께 부자가 제자가 되었다. 류현시의 학문은 7세대에 아들 류택현이 이어 갔다. 류택현은 아버지의 교훈을 이어 받으면서, 한편 보기 드물게 류우잠계의 10세대인 족증손인 류정문·류휘문 등을 스승으로 섬기며 수학하였다. 이후 수대를 지나 11세대 류치교와 12세대 류긍호 등이 류치명의 문인이 되어 다시 한번 가학을 이었으며 13세대 류연근, 14세대 류동익 등이 차례로 뒤를 이었다.

수곡파는 가계 내 사승관계를 통하여 세대별로 재생산하고 있는데, 그 양상을 크게 다음과 같이 요약할 수 있다.

첫째, 류우잠 ⇨ 다섯 아들 ⇨ 각 계파 주요 직계인물 등으로 대표되는 부자父子 간 수직적 수수관계에 있다. 둘째, 4세대 류직·류학·류지 등의 경우와 7세대 류승현·류관현·류화현 등의 경우로 대표되는 (종)형제 간 수평적 수수관계에 있다. 셋째, 류직 ⇨ 류경시·류현시, 류승현 ⇨ 류장원·류정원, 류장원 ⇨ 류건휴 등으로 대표되는 숙질 간 수수관계에 있다. 넷째, 류도원 ⇨ 류정문·류회문, 류장원 ⇨ 류휘문, 류치명 ⇨ 류필영, 류건휴 ⇨ 류치덕·류치구, 류장원 ⇨ 류치명 등으로 대표되는 조손 및 조증손 간 수수관계에 있다. 다섯째, 족증손 류정문·류휘문 ⇨ 족증조부 류택현 등에게 학문을 전하는 족증조손 간 특별한 관계가 있다. 요컨대, 수곡파가 자신들의 가학을 누대에 걸쳐 전승할 수 있었던 요인 중에는 친족 간에 형성된 사승관계가 가장 결정적이면서도 핵심적인 역할을 하였던 것이다. 가계 내 사승관계는 입향 초기에 가장 기본적인 가정교육을 통하여 부자관계 속에서 각 가계별로 직접적으로 이어져 기초를 마련한 것은 물론이고, 이후 대를 거치면서 후손이 번창함에 따라 형제·숙질·조손(증조증손·고조현손) 등의 관계 속에서 파별로 상호보완해 가면서 끊임없이 학문을 수수하고 가학을 전승하며 재형성되어 왔다.

3) 가학家學, 책보와 상자에 쌓이다

수곡파는 글[文]을 바탕으로 하는 훌륭한 선비를 배출하고 전대의 유업을 계승하는 것이 세대를 거칠 때마다 당면한 과업이었다. 따라서 그들의 동몽교육의 내용은 일상과 관계된 것까지 포괄하고 있는데, 결국은 모두 위기지학爲己之學으로 통한다. 이를 위해 독서와 학문에 있어서 성현의 가르침을 담고 있는 『소학』을 비롯한 경전을 중심으로 하고, 가까이로는 퇴계학풍을 이어 갈 것을 권고하였다. 요컨대, 수곡파의 동몽교육의 핵심은 성현의 법도인 쇄소응대와 효제충신을 바탕으로 대를 거칠 때마다 해당 교육자들이 자신의 경험과 선대로부터 물려받은 유훈을 직·간접적으로 다시 전하는 데에 있다. 그들은 과거시험을 통한 입신양명의 길을 택하기보다는 위기지학을 통해 자신들이 이른바 훌륭한 선비·군자[善士·君子]가 되기 위해 인륜의 덕목과 소양, 학문적 지식을 담은 내용을 교육하였다. 동몽교육의 결과는 당면한 현실에서 시사의 변화에 따라 애국애족하며 명분과 소신에 따라 행동하는 실천적 모습으로 발현되었고, 다수의 문인과 학자·관료를 배출시키거나 혹은 초야에 묻혀 학문과 강학에 전념하는 등 생활 전반에서 다양한 모습으로 나타났다. 특히 주목하게 만드는 모습은 그들의 책보와 상자에 쌓인 서책들이다. 수백년 동안 스며들고 쌓인 책 향기가 그들의 집집마다 한 줄기 두 줄기 새어 나왔다. 그 향기가 수곡파 가학의 산물인 『전주류씨수곡파지문헌총간全州柳氏水谷派之文獻叢刊』(이하 『문헌총간』)으로 모아졌다. 애초에는 『하동총서河東叢書』라고 불리기도 하였는데, 하동은 안동 임하의 동쪽, 즉 수곡을 가리키는 말이다.

『전주류씨 수곡파지문헌총간全州柳氏水谷派之文獻叢刊』

최초의 간행 계획은 총 25집이었으며, 1983년부터 1991년까지 순차적으로 13집이 간행되었다. 13집까지의 『문헌총간』에 수록된 문집을 남긴 문인과 학자의 수는 대략 37명이고, 미간행된 문헌의 저자까지 포함하면 100여 명이 넘는다. 『문헌총간』의 내용을 종류별로 분류해 보면, 문집류 80여 종 200여 책·별저류 20여 종 70여 책·기타 5종 3책 등이다. 하지만 『문헌총간』은 현재까지 미완의 총집이다. 『문헌총간』에 대한 해제의 성격을 띤 『수류전적요람水柳典籍要覽』이라는 안내서에는 향후 간행 예정 목록까지 수록해 두었다. 당시에 정리한 것이고, 계속해서 모으는 과정에 있기 때문에 목록에서 다수 누락된 것도 있다. 여러 가지 사정이 있었겠지만 지금으로부터 약 30년 전 마지막 간행을 마친 뒤 현재까지 완간되지 못하고 있다. 후손들의 바람대로 언젠가는 완간되는 때가 오리라 기대하고 있는데, 그때가 되면 다시 한 번 수곡파의 문헌과 학문이 새로운 면모를 드러내지 않겠는가.

『문헌총간』으로 드러나는 수곡파의 학문 역량에 대한 주변의 평가는 다양하다. 그 가운데 고 이가원李家源 박사가 『문헌총간』의 「서문」에서 한 말을 그대로 옮겨 본다.

> 수곡씨水谷氏의 그 청형淸泂한 미목眉目과 창고蒼古한 모발이 의의依依히 보이는 듯할 뿐 아니라, 이에서 옛날 안동 선비의 청아한 풍모와 연의淵懿한 사상의 일면을 엿볼 수 있을 것이다.

16세기 이후 수곡파에서 가학을 선도하고 계승한 이들의 저술 현황과 이력을 살펴보면 자못 놀라지 않을 수 없다. 이가원의 말을 다시 빌려오면, 그는 단 한 사람(류복기)이 정착하여 불과 400년도 못되는 기간에 그의 자손 중에 저술을 남긴 선비가 130여 명이고 저술의 양은 1,200여 권이나 되는데, 이 많은 문헌들이 한 가문의 26촌 안쪽 사람들에 의하여 쓰인 것인지 믿을 수 없다고 하였다. 그의 평가는 영남 퇴계학파가 이루어 낸 최고의 학문적 수준이라고 이어졌다. 단일 문중으로 문집과 저술을 남긴 사람의 수와 문헌의 양이 전 영남의 최고[全嶺之最]인 가문이라는 평가가 과연 헛된 말이 아니었음을 알았다고 감탄하기도 하였다. 덧붙여 수곡파에서 만든 『수류지水柳誌』·『수류명인록水柳名人錄』을 통해, 그들이 가학으로 이룬 학문 역량을 수치로 보이고자 한다.

정려 2명, 불천위 5명, 도천 5명, 문과 급제자 10명, 무과 급제자 3명, 생원 21명, 진사 14명, 안동 좌수 16명, 안동 별감 24명, 항일투사 13명, 삼일독립운동 19명, 음직 39명, 문인 학자 140여 명, 증직 21명

수곡파의 전통가학은 김성일의 학문을 전수받은 16세기 중반부터 토대를 마련한 18세기 중반까지를 형성 및 전수기, 18세기 중반부터 19세기 말까지를 전성기, 19세기 말부터 20세기 초까지를 유지기라고 할 수 있다. 형성 및 전수기에는 류복기·류우잠 부자를 위시하여 6세대까지 약 10여 명이 가학의 바탕을 형성하여 후대로 전수하였다. 전성기는 수곡파 입향 7세대에서 11세대의 인물들이 활동하던 시기이다. 대표적으로 류승현·류관현 형제와 류정원·류장원 등을 비롯하여 류범휴·류건휴 등을 거쳐 이후 류치명과 그의 친족문인을 포함하여 50여 명이 활동하였다. 이 시기는 수곡파 가학이 최고조로 흥성하였던 시기였다. 19세기 중반에 접어들면서 수곡파가 입향한 이래로 300여 년이 지나는 무렵이고, 당시 조선은 국내외적으로 정치적 혼란기를 맞이하면서 외세가 몰려오는 상황 아래 그 혼란이 가중되는 상황을 맞았다. 이러한 상황은 일제강점기가 시작된 19세기 말–20세기 초까지 영향을 미쳤다. 그럼에도 불구하고 수곡파는 12세대 류정호·류지호·류형진·류긍호 등과 13세대 류태영·류연구·류연즙·류연박·류필영·류연근 등과 이후 세대 류동식·류동환·류창식·류인식·류기식·류동수·류동익 등 30여 명이 가학의 맥을 유지하면서

항일운동에 적극 동참하기도 하였다. 이 시기를 유지기라고 보아도 무방할 듯하다. 20세기 중반, 우리나라는 국가 존망의 위기에서 벗어났으나 연이은 동족상잔의 한국전쟁 발발로 인해 또다시 위기를 맞이하였다. 이는 수곡파에 있어서도 피해 갈 수 없는 현실이었다. 하지만 그들이 가장 중요하게 지켜야 했던 것은 바로 조상이 남긴 정신과 학문이었다. 그 노력의 결과로 현재 우리 눈앞에서 『문헌총간』을 볼 수 있게 된 것이다. 현재, 그들의 전통적인 가학은 시대 변화에 발맞춰 다양한 분야에서 역량을 발휘하는 인물들이 계승하고 있고, 한문학 분야에서도 일부 소수자에 의해 내부적으로 명맥을 유지하고 있다. 앞으로 전통과 현대를 아우르는 학문적 부흥을 기대하고 있을 것이다. 아울러 20세기 말까지 이어진 수곡파의 전통가학의 역사 및 결과에 대해서는 별도 표를 만들어 이 책의 끝에 부록으로 제시하였다.

수곡파에 대해서는 그동안 많은 사람들이 다양한 분야에서 남다른 시각으로 조명한 것으로 알고 있다. 이른바 '수류水柳'와 그 사람들, 가학과 학문 경향, 학자와 인물, 수류의 정신, 수류의 독립운동과 아울러 수몰에 대한 슬픈 역사에 이르기까지 말이다. 이러한 주제들을 포괄하여 살펴본 자료만을 대략 정리하더라도 상당한 지면이 필요하고 한두 권에서 그치지 않을 것으로 보인다.

아기산 아래
반천년의 터전

3 반천년을 뒤로하고 새로운 천년을 위해

1) 수류우향水柳寓鄕

1980년대 초, 중학교를 다닐 무렵이었다. 내가 살던 고향 한들 마을 입구를 지나 집으로 돌아오는 길이면 거의가 일가친척인 형님, 누나, 아재, 아지매, 할배, 할매들이 간간이 특유의 사투리로 "어데로 가노(가야 하나)?" "어데 가서 사노(살아야 하나)?" "어에야 되노(어떻게 해야 되나)?"라고 하는 말들이 들렸다. 무슨 말인지도 모르고 물가로 산골짜기로 고기 잡으러 다니거나 멱을 감았고, 소꼴을 먹이거나 산열매를 따먹으며 놀기에 바빴다.

점점 자주 들렸다. 고향을 떠나야 한다는 말이. 간간이 면사

무소인지 군청 공무원인지 모르지만 평소 보지 못했던 낯선 이들도 보이기 시작하였다. 낌새라고 해야 하는지 조짐이라고 해야 하는지 모르겠지만, 아무튼 철없던 어린 눈에도 마을 어른들이 불투명한 미래에 대한 대비를 하는 것이 분명히 보였다.

대종가가 있는 무실과 우리 마을 한들 건너편에 있는 박실을 포함하여 마을 전체가 점점 분주해져 가는 것을 느꼈다. 불안과 걱정이 가득했던 일이 그렇게 4–5년이 흐르는 동안 현실이 되었다. 내 조상이 터를 잡은 후로 약 450년을 살아온 나의 고향이 물속에 잠긴다는 것을 알았다. 임하댐 공사 때문이었다.

마을 사람들이 하나둘씩 떠나가기 시작하면서 함께 어울려 놀던 친구들도 차츰 모습이 보이지 않게 되었다. 그렇지 않아도 고등학교에 진학하면서 자주 보지 못하고 주말이 되어서야 겨우 어울릴 수 있었는데 그마저도 할 수 없게 되었다.

아버지를 비롯해 일가친척 어른들은 달랐다. 뿔뿔이 흩어져야 하는 당장의 아쉬움과 안타까움보다는 가문과 집안의 장래가 걱정이었다. 무실의 대종가를 중심으로 인근으로 분파하여 터전을 삼고 살았던 이들까지 수시로 모여 대책을 마련하고 있었다. 가장 큰 걱정은 수백 년 살아온 터전을 잃어버리는 절박감과 함께 다시 찾을 수 없는 실망감이었다. 그래서 무실과 비슷한 곳을 찾아 새로운 터전을 마련하고 다 같이 함께 살기로 했다. 그러나 쉽지 않은 큰일이었고, 생각과 방법도 다양하였다.

입향 중흥조의 얼이 서려 있는 무실 대종가와 기양서당 등은 임하댐 수위를 고려하여 원래의 자리에서 지금의 자리로 옮겨 삶터를 보전하는 것으로 결정되었다. 무실 건너편 대평의 정재종가도 같은 방법으로 정재 묘소를 등지고 임하댐 호수가 내려다보이는 지금의 자리로 옮겼다.

우리 고향에는 기와집이 많았다. 지붕과 담에는 마르고 색 바랜 이끼와 며칠 전 새로 생긴 이끼가 작은 꽃 모양으로 잔뜩 붙어 있었다. 짧게는 백 년 이상 길게는 수백 년의 오랜 역사를 간직한 이른바 고택으로 불릴 만한 집뿐만 아니라 정자도 다수 있었다. 그 밖에도 수곡파의 역사를 간직한 수많은 것들이 있었다.

요즈음으로 말하면 물 산업정책이다. 국가정책으로 시행되는 대형 공사, 그것도 댐 공사이기에 개인적인 사정은 뒤로 두더라도 국가적으로도 잃을 것이 매우 많았다. 더군다나 수곡파의 입장에서는 절대 잃어버릴 수 없는, 가치조차 매길 수 없는 유형·무형의 것들도 너무 많았다.

가장 먼저 조상의 신주와 위패, 그리고 학문과 얼이 담겨 있는 서책들이고, 살던 집이다. 골목마다 집집마다 서린 조상의 유택遺澤을 지키려는 이들의 일부는 우여곡절을 겪으며 국가와 기관의 도움을 받아 마련된 새로운 터전에서 70여 가구가 함께 모여 살기로 하였다. 아울러 일부 고택과 정자 등 10여 채는 경상북도 지방문화재로 지정되어 이건되었다.

새로운 터전은 당시 행정구역으로 경북 선산군 해평면 일선리를 만들고, 구미시 행정지도를 바꾸게 하였다. 안동을 떠나야 했

수류우향 전경(경북 구미시 해평면 일선리 문화재 단지)

지만, 주변의 어느 누구에게도 피해를 주지 않는 곳이었다. 그래서 사라져 있던 구미의 옛 지명인 '일선一善'도 다시 태어났다. 그렇게 수년을 지나면서 1987년, 전주류씨 수곡파 70여 가구는 거의 이주를 마쳤다. 팔공산 지맥인 태조산을 뒤로 두고 그 줄기가 좌우에서 흘러 나와 마을을 감싸며, 마을 앞은 거대한 낙동강 물줄기가 돌아 흘러나간다.

30년 한 세대를 지나오면서 일선리는 문화재단지라는 명칭이 덧붙기도 하였고, 행정구역이 도로명 주소로 개편되기도 하면서 현재 구미시 해평면 수류길(수곡류씨의 길)이 되었다.

어디 가서 살더라도 조선유훈祖先遺訓 명심하고
불추가성不墜家聲 원칙으로 예의염치 잊지 말고
근검절약 하여 가며 삼여지공三餘之工 더욱 힘써
가학연원家學淵源 이어 가며 앙불괴천仰不愧天 부부작인俯不怍人
인간도리 다하면서 떳떳하게 살아가면
어느 누가 괄시하며 그 누구가 홀대하리
조선祖先 욕됨 없게 하고 고향 명성 천양하세

무실을 떠나 일선리에 새 터전을 마련하면서 지어진 '무실수몰가사' 중 일부다. 어디를 가서 살더라도 조상의 유훈을 명심하고 가문의 명성을 떨어뜨리지 않는 것을 원칙으로 삼자고 했다. 그 유훈은 예의염치를 알고 근검절약하며 학문을 닦아 가학의 연원을 이어 가자고 당부한다. 그래서 하늘에 우러러 부끄럽지 않고 남들에게도 부끄럽지 않은 사람이 되자고 했다. 수곡파가 인간의 도리를 다하는 방법이라 하겠다. 이 도리를 다하면 떳떳할 수 있고 누구에게도 괄시 받지 않는다고 확신한다. 그렇게 하면 자연스럽게 조상을 욕보이지 않고 아울러 무실(수곡)의 고향 명성이 드러날 수 있음을 잘 알고 있다.

선조들이 터를 잡은 이후 450여 년간 수많은 인물을 배출하고, 그들이 남긴 유적들이 즐비한 고향을 떠나야 하는 후손들의 마음과 다짐이 어떠했는지를 엿볼 수 있다. 그 다짐을 실천하기 위하여 지금까지 30년 동안 매년 정월 초하루에 온 마을 일가친

수류우향비

척, 남녀노소가 한 자리에 모여 새해를 축하하면서 조상을 추모하고 예를 갖추고 있다.

현재 전주류씨 수곡파 대종가가 여전히 옛 삶터인 무실에 있고 그곳에 조상의 얼이 있기에 일선리의 그들의 정신은 여전히 안동 무실 사람들로 살아오고 있고, 그들의 후손들도 그럴 것이다. 혹시라도 그럴 리는 없겠지만, 수백 년이 지나 지금의 우향寓鄕을 다시 떠나야 하는 상황을 맞더라도 그들은 영원히 무실 사람이 아닐 수 없을 듯하다.

2) 기산충의원岐山忠義院, 내 한 목숨 무엇이 아까우랴

기산충의원은 수곡파 중흥조 류복기와 그 아우 류복립 형제 및 류복기의 다섯 아들, 즉 이른바 칠의사七義士가 임진·정유 양난에 충의를 떨쳐 구국의 전선에 뛰어들었던 의병정신을 기리기 위한 국가 현충시설이다. 2013년 5월 기공식을 시작으로 약 4년간의 공사를 마친 뒤 2016년 10월, 경북 안동시 임동면 수곡리 산62번지 일원에 건립되어 위용을 세상에 드러내었다. 안으로는 수곡파의 기도유업 정신을 이어받고 밖으로는 애국 의병정신과 충효 사상을 고취시키는 데에 목적을 두었다. 전주류씨 수곡파 대종택과 기양서당이 1987년 임하댐 수몰로 인해 이건한 현재의 위치에서 아기산 자락을 따라 지례 예술촌을 향하다 보면 2km 즈음의 이동耳洞이라는 곳에 있다.

기산충의원이 건립되기 전, 수곡파는 고향 터전 무실을 포함하여 분파하여 정착하였던 많은 곳이 임하댐 호수 아래 잠기는 것을 눈물로 바라보았다. 그래서 그들은 입향조 류성을 이어 중흥조 류복기와 류우잠의 유업과 정신이 서려 있는 거의 모든 곳을 잃었다. 그것이 비록 가슴속에 남아 있겠지만, 보이는 것과 볼 수 있는 것이 또한 그 정신을 되살아나게 한다. 자탄이 섞인 수곡파 자신들의 말을 빌리자면, 류복기 형제와 류복기의 다섯 아들이 임진·정유년 왜란에 의병으로 참전하여 활약한 사실까지 묻히게 될 염려가 있었다. 절체절명의 국가 위기에서 백성으로서

기산충의원 전경

의 당연한 의무를 다한 것이기에 밖으로 드러내기 조심스럽고 자랑을 일삼지 않았다. 그래서 그들 스스로만 자랑스럽게 여기며 내부적으로만 그들의 정신을 잃지 않으려는 노력을 해 왔다. 그런데 그 터전이 사라지는 상황을 눈앞에서 보았고, 그 정신마저 산산이 흩어질 상황에 놓인 채 그렇게 30여 년이 흘러 버렸다. 언젠가는 수구초심의 마음으로 고향을 찾을 터인데, 그때는 임하댐 수위를 고려해 옮겨 지은 대종택과 기양서당만이 맞아줄 뿐일 것이다. 그것만으로도 위안이 되겠지만, 수곡파 안팎으로 조상의 얼을 되새길 수 있는 그리고 대대로 영원히 기억하며 추모할 수 있는 공간을 마련하려는 노력의 결실이 바로 기산충의원이다. 전후 사정을 고려하면서 기다리고 또 기다린 세월이었다. 국가와 지방정부의 지원과 함께 영남유림의 전폭적인 성원에 힘입고, 경향 각지의 내외 자손들의 협찬이 이어진 결과였다. 당시 두 전란을 겪으면서, 류복기는 어쩌면 가문의 존폐 기로에서 망설였을지도 모를 일이다. 하지만 조금의 주저함도 없이 과단의 용기와 실천을 보여 주었기에 오늘날 되살아날 수 있었다. 나아가 그들은 우리에게 있어서 국가란 무엇이며, 국가의 위기에 우리는 어떻게 본분을 다해야 하는지를 다시 한 번 일깨워주고 있다. 다시 생각해 보아도 참으로 쉽지 않은 일임이 분명하다. 류복기 외 여섯 의사의 당시 공적을 읽다 보면, 더욱 감탄을 금할 수 없을 뿐만 아니라 한편으로는 아찔한 마음마저 들게 한다.

(1) 류복기柳復起(1555-1617)

신사하석身死何惜, 내 한 목숨 무엇이 아까우랴.

1592년 임진왜란이 발발하자, 류복기가 창의하면서 선봉에 서고 전장에 나가기 전 8월 9일 금법사金法寺 송정松亭에서 동지들과 맹세했던 말이다. 당시 38세였다. 이 맹세는 1597년 정유재란의 왜적을 물리치고 완전히 평정될 때까지 지켜졌다. 무려 7년의 기간이다. 류복기는 1592년 38세 되던 해, 임진왜란이 발발하자 제일 먼저 1575년 안동부 동북쪽 여산촌廬山村 오로봉五老峯 아래에 있는 백련사白蓮寺 절터에 건립된 여강서원廬江書院에서 200여 명의 동지들을 모아 창의한 후 예천·밀양·경주·팔공산 등으로 수차례 진영과 임무를 옮겨 가며 종군하여 전과를 올렸다. 또 종전 후 숨 돌릴 틈도 없이 1597년 43세에 정유재란이 일어나자 망우당 곽재우를 따라 종군하여 창녕의 화왕산성을 지키는 등 전공을 세웠고, 두 차례의 전란 후에는 유민을 구휼하는 데 적극적으로 힘썼다. 류복기는 전장에서 약 7년을 의병으로 활동하였는데, 그가 팔공산에서 여러 의병장들과 회맹한 후 지은 「팔공산제의장회맹」 시를 통해 다시 한 번 충절과 기개의 면모를 엿볼 수 있다.

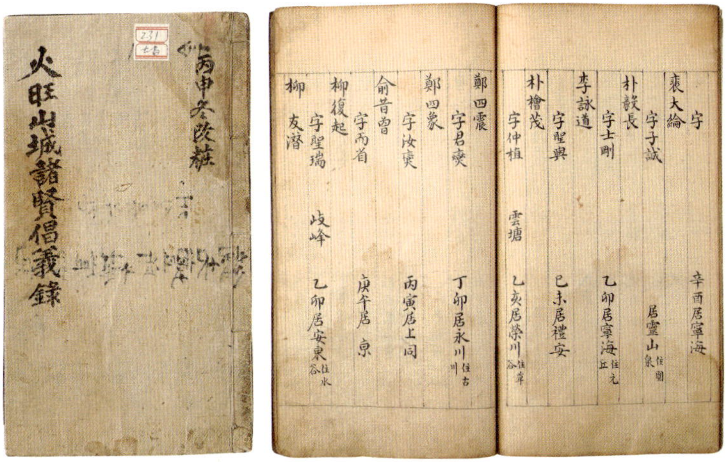

『화왕산성제현창의록』

하늘이 이 나라에 불운을 내리시어, 天以東方値否運
섬 오랑캐 감히 소중화를 어지럽히네. 島夷敢擾小中華
누가 능히 나라를 위해 간성장이 되어 誰能爲國干城將
삼도의 왜적들을 말끔히 소탕할까. 掃盡三都一隊倭
군왕께서 서행하니 차마 말로 하랴, 忍說鑾輿西路幸
신하 된 도리로 복수할 때 이르렀도다. 爲人臣子復讎時
창을 베고 칼을 밟는 끝없는 분한으로 枕戈蹈刃無窮恨
강하를 터트리듯 한 칼에 씻어내리라. 欲決江河一洗之

또 당시에 8도 8폭의 의병용 지도를 직접 그려 전장에서 활용하기도 하였는데, 이를 통해 그가 병법·지리 등에도 식견이 있었음을 알 수 있다.

(2) **류복립**柳復立(1558-1593)

자는 군서君瑞, 호는 묵계墨溪이다. 류지柳墀의 아들이고, 생부는 류성이며, 류복기의 아우이다. 임진왜란 당시 35세에 참전, 1593년 36세로 진주성에서 순국하였다. 1588년 무렵 큰집(류윤덕)으로 출계한 류복립은 무실 생가에서 잠시 거처한 적이 있었다. 이후 임진왜란이 발발하자 류복기를 따라 창의하였다가 곧바로 김성일을 따라 참전하여 사천, 고성 등을 수복하였다. 1593년 4월 29일, 김성일이 진주성 전장에서 순국하자, 김천일·고종후·최경희 등과 회합을 갖고 서로 힘을 합하여 성을 사수하기로 맹세하였다. 60여 일의 항전 끝에 성이 함락되자 김천일 등은 모두 강물에 투신하였고, 류복립은 단신으로 큰칼을 들고 분전하다 36세의 나이로 순국하였다. 이후 이 사실이 조정에 알려져 1719년 이조참판에 추증되었고, 1892년 이조판서에 가증加贈되었다. 1729년에 정려가 내렸으며, 1802년 진주 창렬사에 추향되었다.

(3) **류우잠**柳友潛(1575-1635)

자는 상지尚之, 호는 도헌陶軒이며, 류복기의 장자이다. 임진왜란 시 아버지 류복기가 가장 먼저 창의하여 안동열읍향병의 참모로 참전하자, 18세의 나이로 부친을 따라 의병 진영에서 활약하였고, 1594년 팔공산 전투에서 공을 세웠다. 정유재란이 일어나자 창녕의 화왕산성을 수비하며 아우들을 인솔하였다.

(4) 류득잠柳得潛(1578-1652)

자는 득지得之·열지悅之, 호는 연암燕巖이다. 류복기의 둘째 아들로 임진왜란에 당시 15세의 나이로 아버지와 형 류우잠을 따라 종군하였고, 팔공산 회맹에도 참가하였다. 정유재란 때에도 아버지를 좇아 화왕산 회맹에 참가하여 수성에 협찬하였다. 전후에는 기민들을 구휼하는 데 힘썼다.

(5) 류지잠柳知潛(1583-1653)

자는 락지樂之, 호는 용암龍巖이다. 류복기의 셋째 아들로 정유재란 당시 15세의 나이로 몸을 떨치고 일어나, 집에 남아 홀로 살고자 하지 않았다. 끝내 아버지의 허락을 받아 산성 수비에 참전하여 처음부터 끝까지 함께하였다.

(6) 류수잠柳守潛(1585-1662)

자는 양지養之이다. 류복기의 넷째 아들로 정유재란 당시 13세의 나이로 아버지와 여러 형들을 따라 화왕산성 수성에 협찬하였고, 전후에는 부형들과 함께 기민구휼에 힘을 썼다.

(7) 류의잠柳宜潛(1588-1644)

아명은 낙잠樂潛이었고, 자는 의지宜之이다. 류복기의 다섯째 아들로 정유재란 당시 10세의 나이로 아버지와 여러 형들을 따라 화왕산성 수성에 협찬하였고, 전후에는 부형들과 함께 기민구휼에 힘을 썼다.

이상은 임진왜란과 정유재란 당시 의병에 참여하여 그야말로 내 한 목숨을 아깝게 여기지 않았던 전주류씨 수곡파 칠의사이다. 안동 입향 후 가문의 기반을 마련하던 중요한 시기에, 국난을 당하자 가문의 존폐를 돌아보지 않고 한 가문 전체가 나라를 위해 몸을 던진 충성스러운 선비의 표상이라고 할 수 있을 것이다. 이후 많은 수곡파 후손들은 칠의사의 정신을 계승하면서 일제 강점기를 전후한 국가 위기에 분연히 일어나 항일의병운동에 참여하였다. 이러한 칠의사를 비롯한 한 가문의 실천적 모습은 매우 드문 사례이고 남다른 의미를 지니고 있다.

제2장

가목檟木의 뜻을 전해 두 종가를 세우다

가목檟木의 뜻을 전해
두 종가를 세우다

1 삼가정三檟亭, 가목檟木을 회초리 삼아

착실하게 뿌리를 내린 뒤 가지에 또 가지가 뻗으려면 줄기가 반듯하고 튼튼해야 하듯이, 가문도 대를 잇고 분파하는 과정에 줄기 같은 사람이 중요하다. 전주류씨 수곡파가 무실에 입향한 이래 한 세기를 지나며 네 번의 분파를 이루었다. 중흥조 류복기를 이어 류우잠–류숙–류진휘로 이어진 종파는 류종시柳宗時·류봉시柳奉時 형제의 대에 이르러 새로운 전기를 맞는다. 류종시는 수곡파 대종손으로서 진사가 되어 선대의 유업을 계승하였다. 류봉시는 분파한 뒤 새로운 가지를 뻗으려 하고 있었고, 스스로 새로운 다음 가지를 뻗게 하는 반듯하고 튼튼한 줄기가 되어야 했다. 미리 말하지만 그 새로운 가지는 용와慵窩 류승현柳升鉉과 양파陽坡 류관현

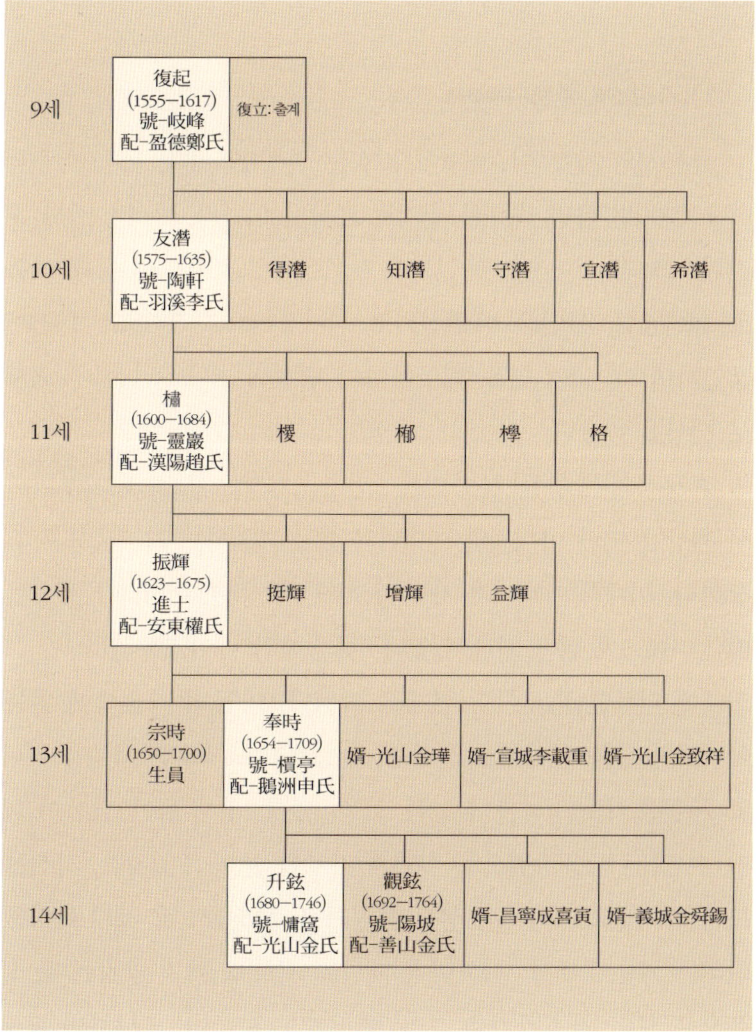
9세
復起
(1555–1617)
號-岐峰
配-盈德鄭氏
復立: 출계
10세
友潛
(1575–1635)
號-陶軒
配-羽溪李氏
得潛
知潛
守潛
宜潛
希潛
11세
橚
(1600–1684)
號-靈巖
配-漢陽趙氏
樓
榔
格
12세
振輝
(1623–1675)
進士
配-安東權氏
挺輝
增輝
益輝
13세
宗時
(1650–1700)
生員
奉時
(1654–1709)
號-檟亭
配-鵝洲申氏
婿-光山金燁
婿-宣城李載重
婿-光山金致祥
14세
升鉉
(1680–1746)
號-慵窩
配-光山金氏
觀鉉
(1692–1764)
號-陽坡
配-善山金氏
婿-昌寧成喜寅
婿-義城金舜錫

柳觀鉉 형제였고, 두 형제에게 아버지 류봉시는 가장 반듯하고 튼튼한 줄기였다.

1) 가정檟亭 류봉시柳奉時

류봉시의 자는 이순而順이고 호는 가정檟亭이다. 1654년에 태어나 1709년 향년 56세를 일기로 세상을 떠났다. 아버지 진사 류진휘柳振輝와 어머니 안동권씨의 사이에서 2남 3녀 중 둘째 아들로 태어났다. 부인은 아주신씨로 신이징申以徵의 딸이고, 19세에 혼인하여 약 40여 년을 해로하다가 남편이 떠난 8년 뒤에 64세로 세상을 떠났다.

류봉시의 맏아들 류승현은 「선부군가장초기先府君家狀草記」에서 세상을 떠난 아버지와 어머니의 삶을 기억하며 그리움으로 회상한다. 이때가 아버지가 세상을 떠난 지 30년, 어머니가 세상을 떠난 지 20여 년이 지난 뒤였다. 류승현의 나이 59세였으니, 그 회한이 더하였을 것이고 실제로 그랬다. 아들의 가슴속에 있는 아버지의 삶을 한마디로 말하면, 단방개결端方介潔한 성품을 지니고 돈륜호의敦倫好義를 실천한 인물이었다. 평생 동안 남들이 미칠 수 없는 마음가짐으로 실천의 자세를 보여 주었지만, 자신을 드러내지 않고 초야에서 생을 마쳤기에 주변에서 잘 알지 못하였던 것 같다. 그래서 생을 마칠 때까지 자호도 하지 않았는데, 성품으로 보아 자호하기 부끄러워했을지도 모른다. 왜냐하면 평생 초야에서 은자의 모습을 견지하고자 하였기 때문이었을 것이다.

류봉시는 어릴 때부터 부형의 기대를 크게 받고 자랐지만 약관을 갓 넘었을 때 부모를 모두 여의었다. 수곡파 종손인 형 류종시와 함께 자식 내외를 잃고 슬픔에 잠긴 할아버지(류숙)와 할머니를 극진한 정성과 예를 다해 봉양하며, 부모의 상을 마쳤다. 상을 마치고 아주신씨와 혼인하면서 분가도 하였으니 그에게 가장의 책임이 오롯이 주어졌다. 그런 중에 가눌 수 없는 슬픔을 이기고자 100여 리 떨어진 외가에 갔다. 그렇지만 풍수지탄의 그리움과 슬픔은 가시지 않았고, 못다 한 효도는 죄가 되었다. 당연할 것이다. 외가에서 오래 있지 못하였다. 꿈속에서 자신을 급히 부르는 어머니를 뵈었다.

아들아, 내가 살고 있는 집이 불이 났다.

집이 불에 타고 있다는 어머니의 말씀에 놀라 가슴이 뛰었다. 황급함은 말할 수 없었을 것인데, 잠결에 일어나 곧장 어머니의 묘소로 달려갔다. 실제로 전날 밤 일어난 산불이 어머니의 묘소에까지 옮겨 붙어 있었다. 다행히 아들의 도움으로 그 어머니는 편히 잠들 수 있었을 것이다. 당시 마을 사람들도 경험하기 힘든 일로 신기하게 여겼으니, 요즈음에도 흔하게 볼 수 있는 일은 아닐 것이다.

류봉시는 분가하면서 살림이 넉넉하지 못한 편이었지만 형이 지키는 대종가가 우선이었다. 얼마 정도의 재산을 받아 분가하였지만 애초에는 감히 자신의 집을 갖지 않으려 하면서 나눠 받은 재산을 고이 간직하고 있었다. 용도가 따로 있었다. 명조名祖의 후손이라는 자부심과 함께 선대의 노력으로 종가의 문호가 차츰 열리기 시작하면서 안팎으로 많은 일들이 생겨났다. 그 재산은 종가에서 뒷날 손님을 맞이하고 제사를 받들 수 있는 공간을 마련하는 데에 쓰였다.

형제간의 우애는 훗날 모범이 되었다. 형 류종시와 함께 세 명의 누이가 있었다. 광산김씨에게 출가한 누나는 살림이 너무나 가난하였다. 류봉시는 그 궁색하고 고달픈 모습이 불쌍하였지만 마음만큼 돌봐줄 수가 없었다. 자신의 가난 때문이었다. 그래도 매년 가을이 되면 곡식과 솜 등을 남겨 별도로 보관해 두었다. 누나를 위한 것이었다. 자주 쌀독이 빌 정도로 자신의 살림도 넉넉하지 못하였지만 가족들이 함부로 내어 쓰지 못하게 하고, 반드시 인편을 기다렸다가 누나에게 보내 주었다. 또 두 여동생의 남편들은 모두 관례도 치르기 전에 그 어버이를 다 잃었다. 가정을 유지하고 생계를 기약할 수 없을 정도로 절박한 상황이었다. 류봉시는 종가의 일이 많아짐에 따라 우선 길쌈 등의 부족한 일손을 돕게 하기 위하여 두 여동생에게 일감을 주고, 결국에는 허락을 받아 두 가족 모두를 큰집으로 데려와 함께 살게 되었다. 특히 어린 매제들의 양육에 각별한 은혜를 베풀어 주었다. 훗날 두 여동생이 생전에 류봉시의 두 아들 류승현·류관현에게 전한 말이 가슴에 와 닿는다.

> 우리 오빠(류봉시) 내외께서 우리들에게 망극한 은혜를 베풀어 주었는데도 갚을 길이 없었으니, 실로 돌아가실 때까지 한이 되었다.

이와 같은 우애와 보살핌은 훗날 그의 두 아들 류승현·류관현 형제와 손자 류통원·류도원·류장원 삼형제의 화목의 대명사인 삼체당三棣堂 이야기로 되살아난다.

류봉시는 문중의 대소사에 있어서도 몸소 경영하면서 궂은일을 마다하지 않았다. 그가 하는 일에 일가친척들이 기뻐하고 감복하지 않은 이가 없었고 의지하는 바가 컸다. 이런 일이 있었다. 류지잠柳知潛-류간柳榦-류완휘柳完輝를 잇는 용암위파龍巖位派 주손인 족제 류덕시柳德時가 역병에 걸려 사경을 헤매고 누워 있었다. 그 방은 온통 전염병에 휩싸였고, 가족들조차 아무도 구하려 하지 않았으며 가까이 갈 엄두조차 내지 못하였다. 그러나 류봉시만은 그렇지 않았다. 친족 아우를 살리기 위하여 직접 방으로 들어가 일으켜 약을 먹이고, 한참 뒤에 생기가 돌아와 살아나는 것을 보고서야 나왔다. 이와 같이 그는 위급하고 곤란한 일에 족친들을 생각하는 의리를 실천하였다. 이런 간호와 치료에 힘입어 류덕시는 용암위파의 주손으로서 대를 이을 수 있었고, 그 아우 류영시柳永時와 함께 훗날 용암위파의 미래와 학문을 기약할 수 있었다. 후대에 류화현·류건휴·류소휴·류윤문·류혼문·류치덕·류치구 등이 바로 그들의 후손들이다. 이들은 거의가 문집을 남겼고, 경학뿐만 아니라 다양한 분야에서 상당한 학문적 역량을 드러내었다.

류봉시의 성품은 인자하면서도 강직하였다. 남들이 예법과 도리에 어긋난 잘못을 하면 그냥 지나치지 않고 꾸짖어 바로잡아 주었다. 그래서 연배들이 존경하면서 그의 앞에서는 자신들의 속된 말을 항상 삼가고 조심해야만 했다. 또한 극심한 가난에도 담박한 모습을 견지하면서 재물과 이익에 있어서는 조금의 구차한 모습도 드러내지 않았고, 자질구레한 일에 있어서도 자세하게 살펴서 처리하지 않은 것이 없었다. 어느 날 이런 일도 있었다. 상인이란 으레 값을 따져 올려 받는 일이 있기 마련이었다. 그들의 생리상 물건의 품질을 속여 높은 값에 팔기도 한다. 간간이 행상行商이 들어올 때면 흥정을 통해 가능한 한 헐값에 살 수도 있었지만, 류봉시는 속임을 당할지 알면서도 물건 값을 가지고 절대 흥정하지 말라고 미리 단속하고 꾸짖었다.

> 저들의 생업은 물건을 팔아서 생계를 꾸리는 것이고, 나는 내가 가진 것을 가지고 필요한 것으로 바꾸어 쓸 뿐이다. 저들에게 이익을 얻게 할지언정, 반드시 내가 그 이익을 얻으려고 할 필요는 없다.

또 하루는 집안사람 하나가 비복을 시켜 양잿물로 세포細布를 다듬게 하였는데, 그만 그 안감이 상해 버렸다. 비복은 두려웠다. 살짝 흔적을 감추고 새 것처럼 장만하여 저자에 가져가 팔아서 상황을 모면할 요량이었다. 그녀로서는 어쩔 수 없었을지도 모른다. 류봉시는 깜짝 놀랐다. 그에게 있어 남을 기만하는 일은 절대 있을 수 없는 일이었다.

> 비복이 그 삼베를 가지고 간 것은 장차 저자에 가서 남을 속이려 하는 것이다. 시장 사람들이 삼베의 겉만 보고 산다면 이것은 내가 비복을 시켜 그들을 속이는 것이다.

그리고 즉시 되찾아 오게 하였다. 식솔들의 잘못이 바로 자신의 잘못임을 잘 알고 있었다. 이 일화는 대대로 후손들에게 전해져 경계가 되고 있다.

또 젊은 시절 한때 출사에 뜻을 둔 적도 있었지만 당락에 급급해하지 않았다. 나름대로 학문의 성취를 이루어 늦은 나이에 향시에 합격하기도 하였으나 대과에서 좋은 결과를 얻지는 못하였다. 그 뒤로 오직 독서만을 즐거움으로 삼았고, 학문을 쌓아 나갔다. 그에게 배운 어린 동몽들은 아주 우둔한 아이라도 거의가 개발되어 성취할 수 있었다. 삼가정에서 자신의 두 아들을 엄격하게 가르쳤던 그였다.

류봉시는, 남들이 쉽게 할 수 없는 마음씀씀이와 실천으로 인해, 은덕군자隱德君子·호의군자好義君子로 불렸다.

2) 말없이 든 회초리, 가목檟木 세 그루

입신하여 도를 행하고 후세에 이름을 드날려 그 부모의 이름을 드러나게 하라고 하였다. 바로 『효경』에서 말한 효의 종終이다. 부모의 이름을 드러나게 하는 일은 쉽지 않지만, 실추시키는 것은 한 순간이다. 따라서 자식이 된 이상 최소한 나쁜 길을 가거나 나쁜 짓을 하지 않아야 한다. 그렇게 되려면 안에서의 교육이 절대적이고, 보통의 경우 그 안은 가정이고 부모이다. 엄부嚴父와 자모慈母의 가르침 아래 훌륭한 자식이 성장한다.

류봉시 부부는 두 아들 류승현·류관현 형제에 의해서 이름이 높아졌다. 최소한 수곡파 안에서는 그렇다. 두 형제는 보이는 대로 듣는 대로 일용과 일상에서 아버지의 가르침과 어머니의 말씀을 가슴에 새기고 허리에 차고 다니듯이 하며 일일이 적고 기억하였다. 형제의 기억 가운데에 위동渭洞의 작은 초가집 서재가 가장 특별하게 남아 있었다. 위동은 당시 표곡으로부터 약 15km 떨어진 곳으로, 현재 안동시 임동면 위리이다. 이곳에 있던 그 서재가 바로 훗날 가죽나무로 불리는 가목을 회초리로 삼아 자식을 훈육하였던 삼가정三檟亭이고, 이곳이 삼가정파의 모태이다.

류승현이 철없이 마음껏 뛰어놀던 어린 시절이었다. 아버지는 못마땅하였고 걱정이 앞섰다. 글자를 가르치기 시작하였지만 마음대로 되지 않았고, 주변에는 놀기 좋아하는 아들의 정신을 어지럽히는 것들이 너무 많았다. 지금으로 보면 오락실도 있고 만화방도 있었으며, 옆의 친구는 장난감도 가졌고 게임기에 스마트폰까지 들고 있었다. 아버지가 계시는데도 담장 밖에서는 친구들이 함께 놀자고 부르기도 했다. 큰집에서 분가한 뒤에 류봉시는 맡겨진 책임과 해야 할 일이 너무 많았을 것이지만, 그보다도 더 중요한 두 아들의 교육을 위해서는 과감한 결단을 내려야 했다. 바로 조용한 곳으로 이사를 하여 학문의 길로 인도하는 것이었다.

> 신나게 놀기만 하던 어느 날, 고기잡이를 해서 돌아오니 아버지가 내다 버리게 하시고, 그 뒤에 번잡한 마을을 벗어나 십 리 밖 조용한 산촌에 터를 잡은 뒤 3년 동안 전일하게 수업하였다.

윗글은 류승현의 기억이다. 이때는 류관현이 갓 태어난 젖먹이 무렵이었기 때문에 류승현만을 데리고 들어간 듯하다. 형제의 터울이 12년인 것을 감안하면, 류관현이 배움을 시작할 나이에 들어가 7-8년을 함께하며 10여 년의 공부를 채웠다.

삼가정은 원래 별다른 이름 없이 오로지 공부를 위한 공간으로, 가목 숲 언덕(가구檟邱)에 초당으로 처음 지어졌다는 기록이 있다. 그래서 뒷날 후손들이 중건할 때 단순히 그 나무의 이름만을 취해 명명한 것으로 오해할 수 있지만 그렇지가 않다. 설사 그렇다고 하더라도 두 아들을 가르쳐 성취시키기 위하여 궁벽한 산촌으로 이거하기로 결단한 아버지의 마음을 미루어 보지 않을 수 없다. 훗날 류승현은 그나마 글자라도 읽고 쓸 수 있을 정도라도 되었으며, 마침내 급제할 수 있었던 것이 아버지의 지극한 정성과 엄격한 교육의 힘이었다고 절절히 회고하였다. 당시 두 아들을 훌륭히 키워낸 초당은 류봉시 삼부자가 표곡(박실)으로 돌아온 뒤 결국 무너지고 자취마저 사라졌다. 이후 후손들에 의한 재건의 노력이 있었다. 이미 200년 이상 지나버린 뒤였지만, 류봉시의 회초리 정신을 잇고자 한 것이고, 그 정신이 서린 세 그루 가죽나무를 추숭하며 드디어 삼가정이라고 명명하였다. 중건을 위해 모인 자리에서 류연즙柳淵楫이 지은 「삼가정약첩三檟亭約帖」의 서문을 참고해 보면, 1922년에 류관현의 주손인 류연박柳淵博이 주도하여 삼가정 옛 터를 찾아 마땅한 장소를 물색하였고, 이때 류연우柳淵愚·류연학柳淵學·류연즙 등 백여 명이 노력하였지만 실행되지 못한 채 10여 년이 흘러 버렸다. 중건 비용 등 주변 여건이 마련되지 못하여 준비 과정에 있었고, 일제 강점기에 삼가정파 후손들 다수가 독립운동에 참여하면서 동력을 잃었던 것으로 보인다. 실제로 중건 과정을 기록한 『삼가정지三檟亭誌』에는 재정 협찬과 공사 대금 등의 기록이 일본의 화폐단위인 엔[円]으로 기록되어 있기도 하다.

아기산 세 봉우리 가운데 하나가 뻗어 내린 표곡(박실)의 시냇물이 마을 입구와 만나는 곳에 작은 대가 있었다. 서너 칸의 집을 지을 수 있는 곳이었고, 류관현의 옛집인 양파구려와 시내 하나를 사이에 두고 있었다. 이곳에 삼가정을 옮겨와 중건하자는 발의가 여러 후손들 사이에서 다시 본격적으로 일어났고, 1936년

중건 당시 표곡(박실)에 있던 삼가정

가을 중추절이었다. 이후 가을 겨울 추위를 감내하고 건립비용 마련 등의 우여곡절을 겪으며 약 8개월의 공사 끝에 1937년 4월 19일 마침내 완공에 이르렀다.

정자는 본래 위동의 가목나무 숲 언덕에 있었고, 삼가三檟로 편액하였다. 이제 삼가의 숨은 뜻을 알아보자. 그 뜻이 바로 류봉시가 두 아들과 그 후대에 전하고자 한 교훈일 것이다. 『삼가정지』에는 두 편의 기문이 실려 있는데, 모두 1937년 중건할 때의 기문이다. 그 하나는 류탁연柳鐸淵이 지은 것이고, 또 하나는 철

성인鐵城人(고성)으로 석주石洲 이상룡李相龍(1858-1932)의 아들인 동구東邱 이준형李濬衡이 지은 것이다. 류탁연의 기문에는 이렇게 적고 있다.

> 그 의미에 대해 나무 이름의 뜻에 따라서 취했다고도 한다. 하지만 맹자가 이른바 "오동나무와 개오동나무를 버리고 가시나무를 기른다."라고 한 경계에 더하여 삼재三才(천지인)의 삼三·『대학』 삼강령의 삼三·「경재잠敬齋箴」의 불삼不三의 삼三으로 체용 공부를 포괄하면서 큰 인물을 만들려는 뜻이 아니었겠는가?

『맹자』에 나오는 말의 뜻은 사람이 중대한 자기의 심지心志는 기를 줄 모르고 사소한 구복口腹이나 채우는 그저 천한 장사場師(채마밭을 가꾸는 원예사)가 되어 버린다는 것을 말한 것이다. 삼三의 예를 든 것 가운데 천지인과 『대학』의 삼강령은 익히 잘 아는 것이고, 「경재잠」의 불삼不三은 두 가지 또는 세 가지 일로 마음을 두 갈래 세 갈래 내는 일이 없어야 하고 오직 마음이 하나가 되도록 하여[主一] 만 가지 변화를 살피도록 하라는 경계이다. 이는 경敬을 잡아 지키는 것, 즉 지경持敬을 말한다. 따라서 삼재·삼강령·불삼에서 각각 인용한 삼三이라는 의미를 바로 가목 세 그루를 통해 상징하는 것이다. 가목의 가檟 자는 가榎(가夏) 자와 통용된다. 개오동나무로 만든 매이고, 참고로 싸리나무로 만든 매라는 뜻을 지닌 초楚와 함께 쓰인다. 『예기』「학기」에 보면, "대학에서 처음 가르칠 때 … 가夏와 초楚 두 가지 회초리를 사용하여 위의를 수렴한다[大學始教 … 夏楚二物 收其威也].”라고 하였다. 이와 같이 류봉시는 손수 심은 세 그루 가목을 자신과 두 아들의 학문의 진보를 바라면서 회초리로 삼았던 것이다.

또 이준형의 기문에는 이렇게 기록하였다.

> 살던 집이 큰 길에 가까워 두 아들이 뜻을 잃고 학업에 방해될 것을 염려하였기 때문에 조용한 곳으로 데리고 들어가 10년 만에 돌아왔다. 이는 대개 그 지향하는 바를 전일하게 하고 그 익히는 바를 단정하게 하면서 자연의 수석水石에서 그 본성을 기르고 채소와 나물밥을 먹으면서 담박하게 그 학문의 뜻이 공고해지도록 하기 위함이었다. 이로써 단지 독서하는 데에만 그쳤던 것이 아니라 가르치고 인도하는 방법을 지극하게 하였다.

기록에서 보듯이, 벽촌으로 이거한 것은 세 부자가 입지立志를 전일하게 하고 학업을 단정하게 하기 위함이었다. 또 자연에서 본성을 회복하여 외물에 흔들리지 않는 굳건한 마음을 다지도록 하려는 것이었다. 그래서 두 아들이 훌륭한 재목으로 자라고 학덕을 갖춘 인물이 되길 바라면서 그 본연의 대체를 기를 수 있게 한 것이었다. 그 목적을 성취하기 위하여 아버지가 솔선한 것이었다. 이준형은 다시 한 번 그 의미를 아래와 같이 부여하였다.

> 처음에 공(류봉시)이 손수 뜰에 심은 적이 있었기 때문에 사람들이 그 집을 삼가정이라고 불렀다. … 가목의 나무됨은 그 쓰임은 재목이 될 만하고, 그 덕은 그늘이 될 만하고, 그 뜻은 맹자가 말한 대체大體를 기른다는 뜻과 부합하니, 결코 우연하게 심은 것이 아니었음을 알 수 있다.

현재의 삼가정과 삼가三檟

삼가정 현판

1690년을 전후하여 류봉시가 위동에 창건한 소박한 초당의 원형은 안타깝게도 사라졌다. 약 250년이 지나 우여곡절 끝에 1937년 후손들이 표곡 동구에 중건한 삼가정도 1987년 임하댐 건설로 인해 구미시 해평면 일선리로 또다시 이건해야만 했다. 그 원형이 사라지고 두 번의 이건을 거쳤다. 하지만 삼백 수십 년을 이어 온 아버지의 정성과 가르침은 지금까지도 세 그루 가목 뿌리와 줄기에 오롯이 남아 있다.

류봉시 묘도비

류봉시는 전형적인 처사형 인물이었고, 스스로 당호를 걸어 보이지 않았다. 그렇지만 류승현 형제에게 가장 훌륭한 아버지이자 스승이었을 뿐만 아니라, 그 후손들에게는 파조로서 대대로 정신적인 지주이다. 결코 함부로 일컬을 수가 없었기에 고심 끝에 추호追號하기로 하였는데, 그것이 바로 가정檟亭이다. 아마 영원히 삼가정 곁에서 류봉시의 손에 들렸던 무언의 회초리를 맞고자 한 것이 아니겠는가. 또한 외람되게 휘諱(이름)자를 부르는 우를 범하지 않고, 후손들의 호칭대로 가정공檟亭公 또는 가정檟亭 할배라고 하면서 영원히 기억하고자 한 것이 아니겠는가. 그의 묘비에는 가정처사檟亭處士로 새겨져 있다. 삼가정은 훗날 새로운 두 종가, 류승현의 용와종가와 류관현의 양파구려陽坡舊廬를 이은 정재(류치명)종가로 거듭났다. 덧붙여 삼가정파는 류봉시의 묘소가 안동시 임동면 망천리의 관암冠巖(갓바위)이라는 곳에 있기 때문에 관암위파라고 불리기도 한다.

가목檟木의 뜻을 전해
두 종가를 세우다

2 류승현의 집 용와慵窩와 서재 침간정枕澗亭

1) 게으른 늙은이의 집, 삼가정파 큰집

지금 류승현의 호로 불리는 용와慵窩는 게으른 늙은이의 움집이란 뜻이다. 엄밀히 말하면 류승현의 세대에 가족이 거처하던 살림집의 당호이고, 세 동의 건물이다. 또 류승현이 처음에 자호로 삼은 것은 예조정랑을 그만두고 귀향했을 때 지은 게으른 늙은이, 용수慵叟이다. 따라서 지금의 용와종가는 원래 류승현이 1724년 45세에 예조정랑에서 물러난 뒤에 부모를 모시고 옛날에 살던 집 남쪽의 표곡에 다시 지은 집을 말한다.

제시한 사진은 임하댐 수몰 전에 안동시 임동면 박곡리에 있

수몰 전 용와종가 전경

었던 용와종가 옛 전경이다. 류승현이 20여 차례 내외 관직을 역임한 사실을 고려해 보면 비교적 작은 규모에 소박한 풍경이다. 청빈하고 검소했던 류승현의 생활을 짐작해 볼 수 있다. 위동의 초당 뜰 가죽나무 그늘 아래서 십 년 공부를 마치고, 표곡으로 돌아와 부모를 모시고 살던 집의 풍경은 이랬다.

북쪽 울타리에 분홍 복사꽃 만발하고,	北籬桃花紅
남쪽 울타리에 하얀 오얏꽃 흩날리네.	南籬李花白
그 가운데 이 대나무를 심고 나니,	中間種此君
복사꽃 오얏꽃이 낯빛을 잃고 마네.	桃李失顏色

한 자 높이 쌓은 돌단 곁에,	石壇高一尺
지난 해 손수 국화를 심었네.	前年手種菊

눈 속에 꺾이는 게 싫어서, 猶嫌雪中摧
아래에 세 줄기 대나무 심네. 下種三竿竹

「대나무를 심으며[種竹]」라는 제목의 시이다. 표곡의 집 북쪽에는 분홍 복사꽃이 만발하고 남쪽에는 하얀 오얏꽃이 흩날리고 있었다. 그 사이에 대나무를 심어 놓고 돌단 곁에 국화도 심었다. 봄 여름 그리고 가을 겨울 사시사철의 풍경이었다. 바로 이곳에서 거처하며 40세가 되던 해, 삼가정의 가르침과 학문을 바탕으로 드디어 문과에 급제하였다. 류승현은 2년 후 성균관학유를 시작으로 예조정랑까지 약 3-4년간 서울에 있다가 갑자기 관직을 버리고 고향으로 내려온 뒤 게으른 늙은이가 되고자 하였다. 시골의 촌스러운 태를 벗지 못한 채였다. 시쳇말로 서울물을 먹고도 독특한 안동 사투리를 쓰며 촌티를 벗지 못한 것이다. 당시에 고향이 너무 그리웠다. 그래서 「사귀음思歸吟」을 지어 돌아가고 싶은 간절한 마음을 노래하였다.

평생 동안 쓴 마음 흰 갈매기 알아주고, 平生心事白鷗知
초록 물 푸른 산 곳곳마다 어울리네. 綠水青山處處宜
하늘과 땅은 수많은 그물을 시름 않으니, 天地不愁多網罟
옛 숲속에만 오직 기댈 가지 있도다. 舊林惟有寄棲枝

예조정랑을 그만두고 귀향할 때는 도성의 번잡하고 시끄러움이 싫었다.

길가는 사람들에게 넌지시 물어보았지,　　借問街上人
무슨 일로 그리도 바삐 달려가는지.　　悤悤走何事
권문세가 대문 안은 깊고도 넓어서,　　朱門深且寬
아침부터 저녁까지 저자처럼 메워지네.　　日夕塡如市

갑작스러운 귀향 결정은 한가한 정취를 찾아 조용히 수양하면서 담박한 생활을 하고 싶었기 때문이었다. 그러기에는 서울로 올라가기 전에 살던 집은 비바람에 무너지기도 하고 거처하기에 불편하였다. 그래서 표곡 시냇가의 정취를 느끼고 공부와 수양을 바라면서 몇 칸의 집을 새로 지은 것이다. 그리고 게으른 늙은이(용수慵叟)로 자호하였고, 그 늙은이가 거처하고자 하였던 집이 바로 지금의 용와종가이다.

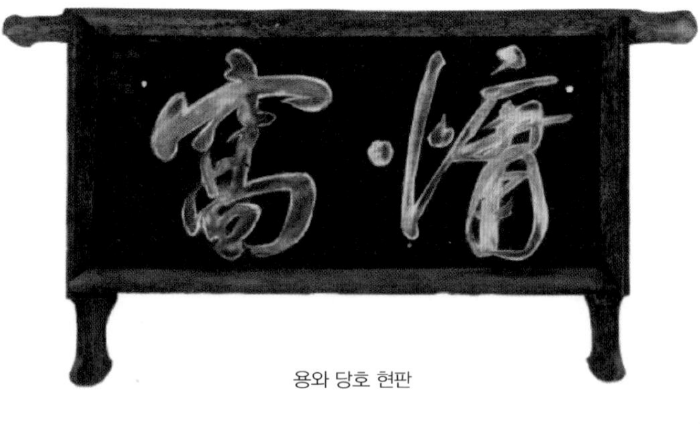

용와 당호 현판

현재의 용와종가

게으른 늙은이가 되는 과정을 보면 게으름의 의미가 단순한 것이 아니었다. 세상사에 눈 돌리지 않고 조용하게 한가한 정취를 느끼며 담박함을 추구하는 게으름이었다. 스스로 말한 것처럼 꾸밈과 장식이 없이 생긴 그대로이고, 서투르고 어설픈(박졸樸拙) 본성으로 인해 촌티를 벗지 못하는 게으름이었다. 이곳에서 그는 한 동네에 사는 호와壺窩 류현시柳顯時, 박재樸齋 류석두柳錫斗 등과 담론을 나누고 시를 읊으며 즐거움에 근심걱정을 잊은 채 시냇가를 소요하였다. 하지만 자신의 바람만큼 오래 지내지 못하였다. 시 한 수를 지을 여유도 많지 않았던 듯하다. 약 두 해 동안 지내다가 용강현령에 제수되었지만 도중에 명이 바뀌어 돌아와 머물렀다. 그에게는 다행스러운 일이었다. 또 약 두 해 동안 지내다가 1728년 무신년 이인좌의 난에 의병장으로 추대되어 출병을 준비하면서 또다시 집을 비워야 했다. 이듬해인 1729년 입춘, 새로 거처를 마련한 지 5년 만에 마음의 여유가 생긴 듯하였다. 이제야 시 한 수를 지어 새로 지은 집에 대한 자신의 소박한 꿈을 이루리라 기다렸다.

새 터에 세 칸 집을 처음 짓고 나서	新居始結三間屋
새해에 만복의 문을 이제야 열었네.	新歲方開萬福門
아내는 묵은 병 털고 아이는 배움에 나아가며	妻去舊痾兒進學
태평세월 안개 달빛에 벗과 술을 즐기리라.	太平烟月樂朋樽

류승현은 만복이 깃들길 바라면서 병든 아내가 낫고 아이는 학문에 전념하며 자신은 자적할 수 있길 바랐다. 그런데 다시 조정의 부름을 받는다. 이해 2월에 병조정랑이 되었으니, 입춘에 소망을 담은 시를 짓자마자 집을 떠나야만 했던 것이다. 연이어 장령·종부시정이 되었다가, 5월에 다시 명을 받고 함경도 종성부사가 되어 저 멀리 떠났다. 바로 이듬해에는 아내까지 세상을 떠나 버렸다. 이후로 그는 몇 차례 더 내외직을 역임하였다가 마지막으로 풍기군수가 되었다. 그리고 노년에 병을 안고 있으면서 마지막 문서 결재에 서명도 마치지 못한 채 임소에서 세상을 떠나 버렸다. 그렇게 혼자 힘으로는 영영 다시 용와로 돌아오지 못하고, 아들 류도원의 품에 안겨서야 돌아올 수밖에 없었다. 그가 바라던 만복의 꿈이 영원히 사라지는 순간이었다.

2) 용와음慵窩吟, 게으른 늙은이의 노래

우창무상愚惷無狀! 어리석고 바보 천치 같아 보잘 것이 없다는 뜻이다. 이는 류승현의 자기반성이자 자기탄식의 말이다. 그의 삶을 더듬어 보면 언뜻 상상이 되지 않지만 실제로 스스로는 일부러 그랬을지도 모르고, 또한 아마 남다른 재주를 지녔기에 자신을 너무 믿은 나머지 어린 시절 물고기를 잡고 놀며 한때 학업을 제쳐둔 게으름 때문에 반성하는 말일지도 모른다. 그래서 게으른[慵] 늙은이[叟]라고 자호한 것일 수도 있겠지만, 게으름을 이기고

수몰 전 표곡(박실)

자 끊임없는 노력을 하기 위함이었을 것이다. 노력 이면에는 당시에 깨닫지 못하였던 아버지의 무언의 회초리의 경계가 있었을 것이다. 그는 아버지를 여의고 장년이 되어 진정으로 그 가르침을 깨달은 뒤에 게으른 늙은이의 움집을 지었다.

원래 용와종가가 있었던 곳은 안동군 임동면 박곡리(표동瓢洞)의 표계 가이다. 표계는 류봉시가 종가에서 분가하여 정착한 표동 마을 사이를 흐르는 시내를 가리킨다. 표주박 표자의 표동은 형세가 표주박과 같이 생긴 골짜기라는 뜻으로, 비슷한 뜻의 호곡壺谷·호곡瓠谷이라고도 한다. 또 안동 지역에서는 순우리말로 박실이라고 잘 알려져 있는데, 일제 강점기에 어려운 글자라는 이유로 박곡博谷 또는 박곡朴谷으로 개칭되어 본연의 정취를 잃어버리기도 하였다. 비약일지는 모르지만 박朴이라는 글자는 또 순박하고 꾸밈이 없다는 뜻을 가지고 있으니, 소박素朴하다는 단어와 연결해 보면 류승현의 삶과 어울리는 듯하다. 한편으로 생각해 보면, 이름을 개칭한 것이 단순히 어려운 글자라는 이유만은 아닌 듯하다. 아마도 일제의 침략에 맞서 항일운동을 펼치던 19-20세기에 삼가정파 후손들이 대거 창의하거나 의병에 투신하였기 때문에 그 기세를 꺾으려고 하였을지도 모르는 일이다. 여하튼 표동 혹은 표곡은 아기산 남쪽에 있고, 그 사이를 흐르는 시내와 어울려 아름다운 경치를 이룬다. 류승현은 이곳에 거처하면서 표곡 시냇물 가의 여덟 경치를 노래하였다. 시로써 표곡 주변 여덟 경치를 여덟 폭의 수채화로 그려 내었다.

- 표계 마을에 가랑비가 내리고[溪村細雨], 성곽처럼 둘러싼 산을 짙은 연무가 감싸고[山郭濃煙], 남쪽 밭이랑에는 농요가 들려온다[南畮農謳].
- 서산 봉우리 아래에는 소에게 꼴을 먹이는 목동이 피리를 불고[西岑牧笛], 나부산羅浮山에는 저녁놀이 붉게 물들었다[羅浮晩霞].
- 수정 같은 가을 달빛에[水晶秋月], 새로 자란 대나무가 섬돌을 덮고[覆砌新竹], 옛 소나무가 바위에 기대어 쉬려 하고 있다[依巖古松].

제산 김성탁의 아들인 구사당九思堂 김낙행金樂行이 표동을 자주 찾아와 표곡 시내의 경치를 감상하면 시(「표계에서 운자를 나누어 시 자를 얻다[瓢溪分韻得時字]」)에 담았다.

표계에 맑은 물 얕게 흐르고,	瓢溪淸淺流
나는 시내 물가에 우거한다.	我寓溪之湄
시내 물가엔 푸른 나무 많고,	溪湄多綠樹
날마다 꾀꼬리가 지저귀네.	日日啼黃鸝
문을 나가 아름다운 경치 찾아	出門訪佳景
방황하며 어디로 가려 하는가.	彷徨欲何之
나는 새가 홀연 숲으로 깃들고	飛鳥忽投林
산 밖에는 저녁 해가 넘어가네.	山外度夕曦
어렴풋이 남쪽 대를 바라보니	依俙望南臺
층층 절벽 시냇가에 위태롭네.	叢壁臨溪危
기쁘게 옷자락을 떨치고 가서	欣然拂衣去
좋은 자리 이리저리 정하였네.	瓊筵正參差
여러 신선이 줄지어 자리 잡고	羣仙列座上
날리는 바람에 백발 드리우네.	飄飄華髮垂
그윽한 감상 마침 내가 원했고,	幽賞適我願
좋은 시절 맑고 화창한 때일세.	佳節淸和時
아름다운 여러 종류의 나무	猗猗百種樹
새 잎은 푸르기가 유리 같네.	葉剪靑瑠璃
서리처럼 흰 평평한 모래사장에	平沙皎如霜
새로 뜬 달 동쪽 가지에 걸렸네.	新月掛東枝
아이 불러 작은 술통 열고	呼童開小樽
맑은 물에 옥 술잔을 씻어	淸流洗玉巵
한 잔에 또 한 잔을 마시니	一飮又一飮
세속의 근심 전혀 알 수 없네.	俗慮都不知
숲에서 맑은 바람이 불어와	林間有淸風
휙 하얀 접리관을 뒤집네.	吹倒白接罹
분분하게 시상을 펼쳐내니	繽紛披錦肝

필세가 어찌 그리 성대한가.	筆勢何淋漓
이 유람이 가장 빼어나서	茲遊最奇絶
내 마음 절로 기쁘게 하네.	使我心自怡
가는 곳마다 즐거움이 되지만	隨處且爲樂
좋은 놀이는 어긋나기 쉽나니.	勝事易差池
술이 없으면 내 마땅히 사오고	無酒我當沽
술이 있으면 내 마땅히 거르리.	有酒我當釃
더구나 덕 있는 어른을 모시고	況復陪耆德
끌어 주는 엄한 스승 있음에랴.	提撕有嚴師
여유롭게 노닐며 세월을 보내니	優游送日月
족히 목마름과 배고픔도 잊겠네.	足以忘渴飢
바람결에 애오라지 노래하지만	臨風聊自歌
취한 말로 시를 이루지 못하네.	醉語不成詩

번역문(김영옥 역, 『구사당속집』, 경북대학교 영남문화연구원, 전재)

게으른 늙은이의 움집에 살던 류승현은, 예순세 살에 용와 곁에 지은 침간정枕澗亭의 서재에도 같은 당호를 걸었다. 당호 글씨는 누구의 필체인지 분명하지 않다. 소박한 몇 칸을 짓고 자신의 노래 「용와의 노래[慵窩吟]」를 읊으면서 게으름을 이기고자 한 것이다.

감실처럼 작은 집 게으름을 기르기 위함이니,	築屋如龕爲養慵
베개 맡에 시냇물 소리 옥구슬처럼 졸졸.	枕邊鳴澗玉琤琮
두보의 동쪽 수풀 대를 새로 옮겨 심고,	新移杜老東林竹
동파의 백학봉을 이미 사들여 놓았네.	已買坡公白鶴峯
골짜기 새가 창가에 날아들어 조용히 지저귀고,	幽響近囱來谷鳥

바위 소나무 난간에 드리워 짙은 그늘로 덮네. 濃陰滴檻倒巖松
긴 처마 넓은 집을 자랑삼아 말하지 말라, 深簷廣廈人休說
이 작은 방이라도 한 몸 쉬기 넉넉하노니. 此室猶寬此膝容

신주를 모시는 감실만한 크기의 집을 짓고 게으름을 기르기 위함(양용養慵)이라고 하였다. 누구에게나 게으름을 극복하는 것이 우선일 것인데, 역설적이게도 그는 자신의 게으름을 기르기 위해 두보처럼 동쪽 수풀 옅은 대나무 그림자 곁으로 이사 와[東林竹影薄 臘月更須移] 소동파가 거처를 옮기면서 그랬던 것처럼 저녁놀 뒤에 이지러진 달이 떠오르고 자취 빛에 아스라이 보이는[連娟缺月黃昏後 縹緲新居紫翠間] 백학봉을 사들였다.

3) 침간정, 시냇물 소리를 베개 삼아

류승현은 표곡 시내와 물소리를 사랑하여 얼마 후 다시 터를 잡고 작은 정자를 지었다. 바로 침간정枕澗亭이다. 1742년 63세가 되던 해 봄에 지은 것인데, 침간정枕磵亭이라고도 쓴다. 이곳은 게으른 늙은이의 서재이자 수양하는 곳이다. 재종질 류정원柳正源에게 편지를 보내 침간정에 대한 형세를 설명하고 기문(「침간정기枕磵亭記」)을 부탁하기도 하였다. 그리고 자신의 두 다리를 펴고 겨우 한 몸만 누일 수 있는 작은 방을 깨끗이 하고자 「정실명淨室銘」을 걸었다. 게으름을 즐기면서 자신의 몸과 마음을 깨끗이 하려는 것이었다.

용와종택 사랑채에 걸려 있는 「정실명淨室銘」

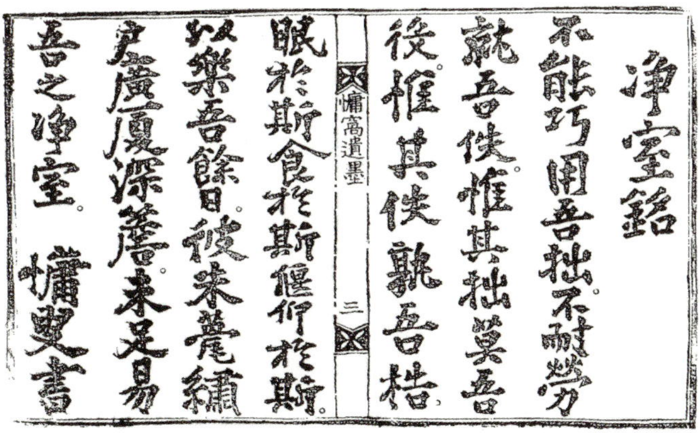
淨室銘
不能巧用吾拙。不耐勞
就吾佚。惟其拙莫吾
後。惟其佚孰吾梏。
眠於斯食於斯偃仰於斯。
以樂吾餘日。彼朱甍繡
戶廣厦深簷。未足易
吾之淨室。 慵叟書

慵窩遺墨 三

『용와집』에 실려 있는 「정실명」 판각본

재주를 부릴 수 없는 것이요,	不能巧
나의 졸렬함을 쓰노라.	用吾拙
수고로움을 견딜 수 없는 것이요,	不耐勞
나의 편안함에 나아가노라.	就吾佚
오직 그 졸렬함이여,	惟其拙
나의 수고를 없애노라.	莫吾役
오직 그 편안함이여,	惟其佚
무엇인들 나를 가두랴.	孰吾梏
이곳에서 잠들고,	眠於斯
이곳에서 먹으며,	食於斯
이곳에서 지내면서	偃仰於斯
나의 여생을 즐거이 보내리니,	以樂吾餘日
화려하게 단장하고 넓고 큰 저 집도	彼朱甍繡户廣厦深簷
나의 깨끗한 방과 바꾸기 쉽지 않도다.	未足易吾之淨室

류승현의 친필인데, 게으른 듯이 편안하게 쓴 필체가 독특한 느낌을 준다. 예순여섯 살 노년에 쓴 것이니 그럴 만도 하다. 필력이 떨어져 있는 힘을 다해 쓴 것으로 보이기도 한다. 바람대로 자신의 게으름을 거의 기른 뒤는 아니었을까. 아래의 또 다른 친필 편지와 비교해 보면 일부러 그렇게 쓴 듯 보이기도 한다. 필력이 느껴지는 필체를 보면 청장년 시절이었을 것이다.

그런데 아무리 노년에 병을 안고 있었더라도 평소의 필체가 갑자기 급변할 수는 없을 것이다. 이 점을 감안해 보면 「정실명」의 필체는 의도적으로 쓴 것으로 보인다.

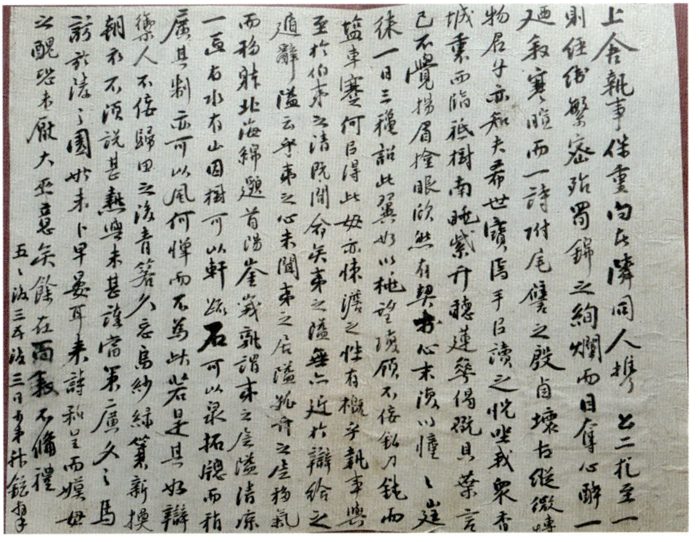

용와 류승현 친필 편지

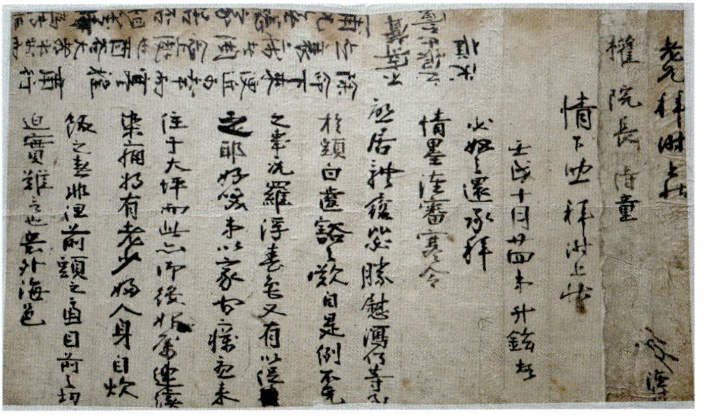

류승현이 창설재 권두경의 아들 권모權謩에게 보낸 친필 편지(1742년)

「정실명」을 지어 가슴에 새기고자 한 교훈은 무엇이었을까. 교라는 것은 졸의 노예이다[巧者拙之奴]라는 말이 있다. 재주를 갖고 기교를 부리는 이는 결국 재주 없고 서투른 이의 종노릇을 한다는 말이다. 교가 졸을 반드시 이기는 것이 아니라는 뜻이다. 송나라 주돈이周敦頤가 지은 『졸부拙賦』라는 작품이 있다. 주돈이는 스스로 졸자拙者라고 하였고 주변으로부터는 서툴고 어설픈 사람이라고 희롱을 당하기도 하였지만, 오히려 기뻐하였다. 그리고 이렇게 읊었다.

> 기교 있는 자는 말을 잘하고 졸렬한 자는 묵묵하며,
> 기교 있는 자는 수고롭고 졸렬한 자는 편안하며,
> 기교 있는 자는 남을 해치고 졸렬한 자는 덕이 있으며,
> 기교 있는 자는 흉하고 졸렬한 자는 길하나니,
> 아, 천하 사람이 다 졸렬하면 형법과 정사가 투명해져서
> 윗사람은 편안하고 아랫사람은 순종하여
> 풍기가 맑아지고 악폐가 단절되리라.

『주자초석周子抄釋』에 나오는 글인데, 류승현이 「정실명」에서 바랐던 내용과 일맥상통한다. 졸은 교와 상대적으로 '졸렬하다', '옹졸하다', '서툴다', '솜씨 없다' 등의 뜻을 갖지만, 오히려 순수하고 미완의 뜻도 포함되어 있는 것 같다. '예스럽고 좀 서툰 모습(고졸古拙)', '손질을 거치지 않은 본연의 모습(졸박拙樸)', '어린아이와 같이 천진한 모습(치졸稚拙)'이라는 단어에서도 알 수 있지 않겠는가. 첨단에 있는 고도의 기술과 따라갈 수 없는 탁월한 기교

가 바로 이 졸에서 나오는 것일지도 모른다. 노자가 "크게 곧은 것은 굽은 것처럼 보이고, 크게 교묘한 것은 졸렬한 것처럼 보이고, 큰 언변은 더듬는 것처럼 보인다[大直若屈 大巧若拙 大辯若訥]." 라고 한 것처럼 말이다. 「정실명」은 판각되어 현재 용와종가 사랑채에 걸려 있고, 그의 문집에도 실려 있다. 류승현 사후에 후손들이 그 문집을 편집하면서 실었을 것이니, 류승현이 평생 간직하였던 마음이고 더 이상 바랄 것이 없었을 것임이 분명하다. 류승현의 후손들에게 이렇게 용수와 졸부로 기억되어 전해졌다. 그 의미가 무엇인지 새겨지면서 말이다. 그 의미는 류승현의 시에 녹아 있다. 소 치는 아이 꼴 먹는 송아지를 바라보면서 침간정 근처 전원의 풍경을 노래한 것이다.

시내 남쪽 논에서는 이른 나락 거두어들이고,	溪南稻田收稻早
소 치는 아이는 논가에 소를 매고 꼴을 먹이네.	牧童繫牛田畔草
어린 소 논 두둑 따라 어슬렁 풀을 뜯어 먹고,	小牛吃草緣畦行
어미 소 논 두둑 아래 길에서 배불리 누워 있네.	大牛飽臥畦下道
어찌 왔는지 누런 송아지 목줄 풀린 채 나타나	何來黃犢曳頸索
앞 언덕 아래 내달리다 일고여덟 번은 나뒹구네.	走下前坡七八倒
두둑가로 달려가 거친 풀도 먹지 않으려 하고,	不向畦上食荒草
논 안으로 들어가 남은 볏짚도 먹지 않으려 하네.	不向田中食殘稾
곧장 이웃 밭으로 달려들어 종횡무진 누비는데,	直向鄰田縱復橫
이웃 밭은 아직 늦은 나락이라 거두지도 않았네.	鄰田未及收晚稻
이웃집 아이 워워 소리 지르며 돌을 주워 던지고,	鄰兒爭叫拾石投
시골노인 부부가 성을 내며 시끄럽게 뛰쳐나오네.	出門咆咻有翁媪

논을 휘젓는 송아지에게 어찌 죄를 줄 수 있는가, 犢之蹊田豈人罪
송아지에 화난 마음 사람에게 옮김이 안타깝도다. 怒犢移人一何懊
아, 嗚呼
어느 집의 농부인들 송아지를 기르지 않으랴, 野人誰家不養犢
송아지 때문에 좋은 이웃 마음 상하게는 말라. 毋以犢故傷鄰好

또 소나무와 국화를 노래하며 도연명의 마음을 그리워하였다. 술과 소나무, 국화를 좋아했던 도연명이 전원으로 돌아와 지은 「귀거래사」에 "세 오솔길이 거칠어졌으나, 솔과 국화는 아직 남아 있네[三逕就荒 松菊猶存]."라는 표현이 있다. 류승현의 마음은 도연명과 같았다. 마흔한 살에 마지막 관직을 스스로 사직하고 고향인 시상柴桑으로 돌아온 도연명처럼, 그도 표곡의 침간정으로 돌아오고 싶었다.

북쪽 언덕 소나무 산기운에 젖고, 北岸松嵐滴
남쪽 시내 국화는 그림자 적시네. 南溪菊影涵
소나무 바라보고 국화 마주보나니, 看松仍對菊
굳이 세 오솔길 열 필요는 없으리. 開逕不須三
(「송국松菊」)

그리고 오동나무와 대나무를 노래하면서 자연과 더불어 자신의 삶을 살고 싶어 하였다.

뜰 안의 오동나무 겨우 열 닢 나고 庭梧纔十葉
섬돌의 대나무 세 떨기 모여 있네 階竹恰三叢

침간정 옛 모습과
은행나무

현재의 침간정
전경

백 자 천 길로 자란 뒤에야　　　　百尺千竿後
이슬비 덕택임을 알 수 있으리　　　方知雨露功
(「오죽梧竹」)

침간정의 현판 글씨는 조선 후기의 대표적 서예가인 원교圓嶠 이광사李匡師(1705-1777)가 썼다. 규모는 정면 3칸, 측면 2칸인데 3칸이 방이고 나머지는 마루이다. 침간정 당호 외에 기오헌寄傲軒·용와음慵窩吟 등의 편액이 걸려 있다. 류승현은 도연명의 마음을 특별히 아꼈다. 기오寄傲라는 말은 교만하고 거만한 마음을 붙인다는 뜻으로, 어디라도 무엇이라도 얽매이는 일이 없이 세상을 아래로 내려다보며 초연히 자기 뜻대로 자유분방하게 마음껏 펼친다는 말이다. 도연명의 「귀거래사」에 "남쪽 창가에 기대어 오만한 마음을 붙이나니, 무릎만 겨우 들여놓을 작은 집도 편안한 줄을 알겠네[倚南窓以寄傲 審容膝之易安]."라는 구절에서 따온 것이다. 그의 기오의 자세는 분명히 게으름을 승화시켜 이른 경지일 것이다.

1742년 63세 여름에 장예원판결사掌隷院判决事에 임명되자 노병 등의 이유로 여러 차례 사직 상소를 올렸다. 침간정을 떠나고 싶지 않았기 때문이었을 것이다. 결국 부임할 수밖에 없었고, 몇 달 간 재임하다가 다시 병을 핑계로 사직하였다. 이보다 앞서 그는 고향의 가족들에게 편지를 보내 돌아가고자 하는 뜻을 미리 전하였다. 떠도는 벼슬길이 노년의 몸으로 감당할 수 없으니 정자와 대를 보수하고 깨끗이 해 두라는 부탁이었다. 그리고 침간정을 그리며 시를 지어(「억계정憶溪亭」) 노래하였다.

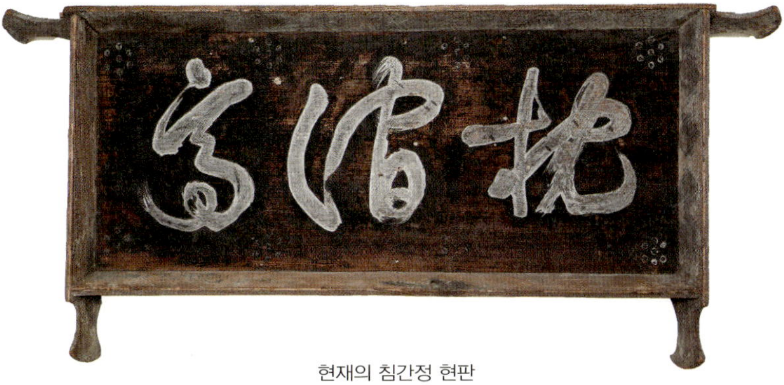

현재의 침간정 현판

꿈처럼 괴안국에 들어가 오랫동안 못 나오니, 夢入槐安久不迴
정자 문은 시냇가 굽이 텅 빈 채 닫혀 있네. 亭扉空掩小溪隈
남쪽 대에 대나무가 조롱하듯 비웃으니, 南臺竹樹相嘲笑
당시에는 무슨 마음으로 손수 심었을까. 當日何心手自栽

괴안국槐安國에 들어가 오랫동안 못 나왔다는 말은 류승현이 벼슬살이에 빠져 자신도 모르게 부귀영화에 취해 있었다는 뜻이다. 당나라 이공좌李公佐의 「남가태수전南柯太守傳」에 나오는 순우분淳于棼의 고사를 인용한 것인데, 부귀영화에 취해 누렸던 것이 개미구멍에 살았던 것처럼 부질없었다는 것이다. 그래서 한참 동안 주인도 없이 비워둔 침간정에 대한 미안함으로 자책을 한 것이다. 이렇게 후회와 그리움을 안은 채 과연 며칠 뒤 고향으로 돌아왔다. 얼마나 그리웠을까. 판결사에서 물러난 뒤 류승현은 돌아오자마자 자신을 맞아 주는 침간정을 위해 다시 노래한다.(「계정즉사溪亭卽事」)

피곤하게 노닐다가 돌아와 시냇가 정자에 누우니, 倦遊歸臥澗邊亭
대나무 떨기를 이루었고 국화는 막 망울져 있네. 竹已成叢菊始英
계단 아래 여울소리 졸졸 길이 귓가에 들려오니, 階下鳴灘長入耳
촌 노인 사는 재미 너무나도 맑아지는도다. 野翁生事十分淸

1742년 봄에 정자를 짓고 여름에 떠났다가 가을에 돌아와 침간정에서 지내고 있었다. 그런데 추운 겨울 다시 영해부사에 임명되어 떠나야 했다. 이후 1745년 66세에 공조참의가 되었다가, 이듬해 2월 67세의 나이로 풍기군수에 부임한 뒤 약 석 달 동안 백성을 돌보다가 임소에서 세상을 떠나 영영 돌아오지 못하고 말았다. 63세에 지어진 침간정은 약 4년 만에 주인을 잃고 말았으며, 돌아오지 않는 주인을 외로이 기다릴 수밖에 없게 되었다.

침간정은 류승현이 생존했던 당시에 젊은 학생들의 공부를 위한 강학의 장소로 중요한 역할을 하였다. 아버지의 가르침으로 삼가정의 전신인 위동의 서재에서 공부하여 성취한 만큼 침간정에 대해 남다른 의미가 있었을 것이다. 그의 사후에는 아들 류도원이 본생本生아우 류장원과 함께 그 유업을 이어받아 가학 전승의 장소로 더욱 발전시켰다. 「침간정 동약첩 서枕磵亭洞約帖序」에서는 다음과 같이 적고 있다.

선친께서는 만년에 시냇가 위쪽에 정자를 지으시고, 이름을 '침간'이라 하고 편히 쉬면서 만년을 보내시려고 계획하셨다. 젊은 학생들이 책을 들고 배움을 청하는 자가 많았는데 가르치는 데에 게을리 하지 않으셨고, 거의 성취시켰다. 선친께서 돌아가신 뒤 배우던 자들이 그 학업을 강구할 수 없어 불초가 그들이 흩어져 돌아가는 것을 차마 방임할 수 없어 어린 동몽들을 붙잡아 책 읽는 법을 가르치고 쇄소응대를 과목으로 한 것이니, 대개 선친께서 좋아하시던 것을 좇아 유지를 이루려고 한 까닭일 뿐이었다. 그 후에 아우 장원이 이사를 와 함께 모여 날마다 서로 정자에서 학문을 토론하였다. 장원이 동몽들을 가르치니 또한 다른 사람들도 여러 동몽들과 함께 하였고, 재산과 곡식을 모아 합쳐 학전學田을 경영하여 설치하여 영구히 공부하는 데 보탬으로 삼았다. 문내에서도 한두 명씩 보태고자 하는 사람이 있어 또한 허락하였는데 합해 보니 수십 명이 되었다. 흥원(류도원의 초명)이 삼가 선친의 덕업행의를 생각해 보니 실로 후생들의 모범이 되고 이 정자는 선친이 평소에 휴식하시던 곳이다. 제군들이 이곳에서 흥기하여 힘써 노력하고 나태하지 않아서 성취하는 바가 있으면, 이것이 바로 선친에게 친히 배우는 것과 다를 것이 없는 것이다. 우리 형제도 또한 제군들과 더불어 강론하여 즐거워하며 근심이 없을 것이니, 제군들은 힘쓸지어다.

이 서문은 류승현이 세상을 떠난 후, 류도원이 출계한 아우 류장원과 함께 후학들의 공부가 단절될까 염려하여 침간정에서 강학하는 방법과 운영하는 계획, 그리고 목적을 적은 글이다. 여기서 주목할 것은 동몽교육에 필요한 경비를 충당하기 위한 학전學田을 마련한 것인데, 요즈음으로 말하면 장학금과 같다. 차츰 문중의 수십 명이 함께 동조하여 미래에 학생들의 공부에 차질이 없도록 계획하고 강학을 이어 갈 수 있었다.

3 양파구려陽坡舊廬

용와종가를 이야기하면서 양파구려陽坡舊廬를 부득이 소개하지 않을 수 없는 이유가 있다. 두 집은 삼가정의 가르침을 함께 계승한 형제의 집이기도 하거니와 두 형제의 다음 대에 이르러서는 양파陽坡 류관현柳觀鉉(1692–1764)의 둘째 아들(류도원)이 백부인 류승현의 아들이 되어 후사를 이었기 때문이기도 하다. 그렇지만 여기서는 류관현에 대해 간략하게 소개하는 것이 좋을 듯하다. 양파구려는 류관현의 당호를 딴 것으로 류관현의 현손 류치명의 호를 딴 정재종가로 계승되는 집이다. 이 정재종가를 중심으로 양파구려에 대한 자세한 이야기는 이미 영남문화연구원의 같은 사업을 통해 소개된 적이 있다. 삼가정을 계승한 또 하나의 종가, 삼가정파 작은집은 애초에 류관현이 표곡에서 생활할 당시에 표계 시내를 사이에 두고 큰집 용와종가와 침간정을 마주하고 있었다. 남쪽 언덕, 양파를 자호로 삼은 뜻이 단순히 여기에 있어 보이지만, 형 류승현의 곁에 있겠다는 뜻을 길이 담았던 것으로 보인다. 두 형제의 우애가 남달랐기 때문이다. 이후 분가하면서 형과 함께 생활한 지 십여 년 만에 대평大坪(한들)으로 이거하여 새로운 터전을 마련하였다.

양파구려는 지금 정재종가의 모태가 되지만, 세상에 그렇게 잘 알려진 명칭이 아니다. 이는 류치명이 19세기 말 퇴계학파 학봉계의 적전이자 유림의 종장으로서 추앙을 받았고, 그 사후에 사림의 추대로 불천위로서 종가의 반열에 올랐기에 상대적으로 그 위상이 가려진 측면도 없잖아 있기 때문이다. 하지만 수곡파 또는 삼가정파에서는 정재종가를 말하기 전에 반드시 양파구려를 먼저 말하는 것이 도리이다.

류봉시의 둘째 아들로 태어난 류관현은 자가 용빈用賓이고, 양파는 그 호이며, 형 용와와는 12살 터울이다. 형과 함께 삼가정의 가르침을 받았고, 13세부터 문중 문회에서 두각을 드러내기 시작하였다. 아버지가 세상을 떠난 뒤부터 형에게 수학하면서 삼가정의 문호를 유지하고 이어 갈 재목으로 기대를 모았다. 어머니의 상을 당한 뒤에는 형의 곁을 떠날 수 없어 십여 년을 함께 생활하면서 형을 대신해 가사를 돌보고 가계를 마련하기도 하였다. 1735년 44세의 비교적 늦은 나이로 문과에 급제하였는데, 당

양파구려(정재종가) 전경

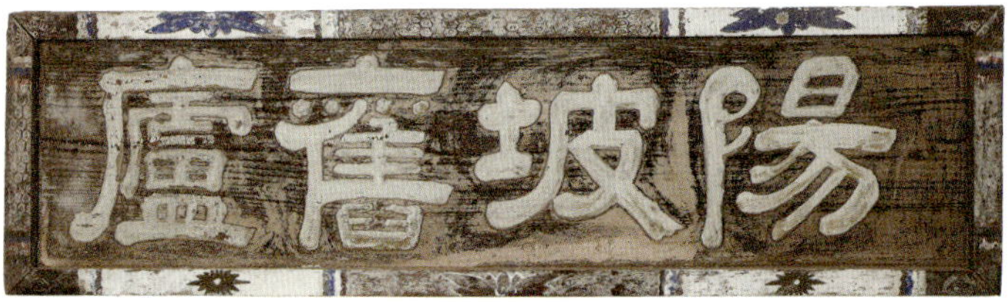

양파구려 당호

정재 당호

시의 일화가 전한다. 같은 해 안동에서 다섯 명의 대과 급제자를 배출하는 경사가 있었다. 류관현을 비롯하여 제산霽山 김성탁金聖鐸(당시 52세), 학음鶴陰 김경필金景泌(당시 35세), 삼산三山 류정원柳正源(당시 33세), 대산大山 이상정李象靖(당시 25세)이 동방 급제한 것이다. 이 경사를 축하하며 유행한 말이 화산풍우오룡비花山風雨五龍飛이고, 지금까지도 안동 지역의 대표적인 이야기로 전해 온다.

화산의 비바람에 다섯 마리 용이 날아오르니,	花山風雨五龍飛
절세의 아름다운 이들 세상에 드문 상서로다.	絶代佳人世瑞稀
봄이 돌아오니 두 버들이 오얏꽃과 사귀고,	春回二柳交仙李
게다가 황금빛 한 쌍이 대궐을 진동시키도다.	加重雙金動紫闈

화산은 안동의 별호이고 오룡五龍은 위의 다섯 사람을 이른다. 안동에 비바람이 몰아쳐 다섯 마리 용이 날아올랐다는 말이다. 바로 영조의 축하 시에서 비롯된 것이라고 한다. 짐작하듯이, 오룡 가운데 두 버들은 류관현과 류정원의 성(柳)을 일컬은 것이고, 오얏꽃은 이상정의 성(李)이며, 황금빛 한 쌍은 김성탁과 김경필의 성(金)을 가리키는 말이다. 형 류승현이 아우를 걱정하며 지은 시에서는 이들을 다섯 봉황[五鳳]이라고 표현하기도 하였다. 어쨌든 안동 오룡의 일원으로서 문과에 급제한 류관현은 10년 만에 첫 관직에 나아갔다. 1745년 54세에 제수된 성균관전적을 시작으로 사헌부감찰·경성판관·사헌부지평·시강원문학·필선·사간원사간·군자감정·종부시정·사간·시강원보덕 등에 제수되

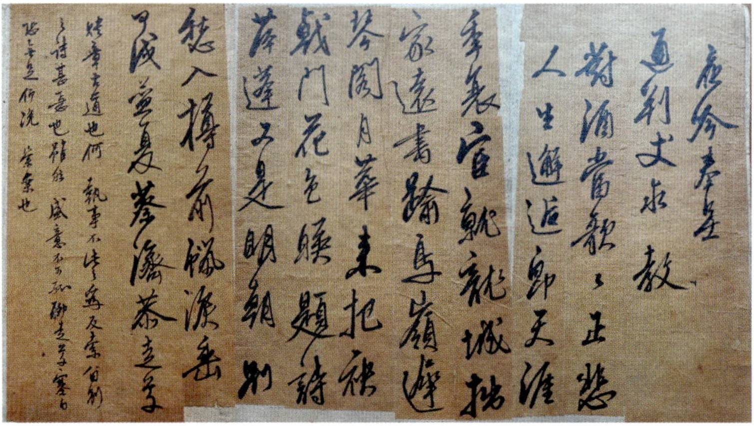

채제공이 류관현에게 준 「야음음정 통판 류장관현夜飮吟呈 通判 柳丈觀鉉」의 친필 시고

어 부임하거나 사직을 청하여 물러나기도 하였고, 1763년 통정대부 형조참의에 올랐다. 특히 시강원문학·필선으로서 사도세자(장헌세자)의 스승이 되어 『역도촬요易圖撮要』를 지어 가르치기도 하였다. 조정에서는 거의 30년 연하의 번암樊巖 채제공蔡濟恭(1720–1799)의 존경을 받았고, 그와의 친교는 매우 특별하였다. 채제공의 문집에는 류관현과 함께 술을 마시다가 지은 시와 헤어짐을 앞두고 자신의 소회를 읊은 시 2수가 실려 있다. 두 편의 시는 「밤에 술을 마시다가 지어 통판 류관현에게 드리다[夜飮吟呈 通判柳丈觀鉉]」와 「유정에서 통판과 이별하며[柳亭留別通判]」이다. 또 채제공이 류관현의 묘갈명(「通政大夫刑曹參議陽坡柳公[觀鉉]」)을 지은 것을 보면 두 사람의 관계가 어떠했는지 짐작할 수 있다.

류관현은 1764년 향년 73세를 일기로 세상을 떠났다. 그는 어릴 때부터 문재를 드러내면서 아버지의 엄격한 가정교육과 함께 형을 통해 닦은 학문을 바탕으로, 훗날 19세기 퇴계학파의 적전으로 유림의 종장으로 평가받는 류치명을 배출하면서 정재종가로 거듭날 수 있게 하였다. 류관현의 이력을 이야기하면서 빠뜨리기 어려운 것이 있는데, 목민관으로서 남긴 치적이다. 재임 시절 그의 선정과 검약은 다산 정약용의 『목민심서』에 기록되어 후세의 모범이 되고 있다.

부인은 숙부인淑夫人 선산김씨善山金氏로 읍취헌挹翠軒 김구용金九用의 딸이다. 어질고 근검하였으며, 손위 동서를 시어머니처럼 섬기고 수십 년을 함께 생활하였다고 한다. 아들 셋을 두었는데, 장남은 류통원柳通源이고, 차남 류도원柳道源은 류승현의 아들이 되었으며, 삼남 류장원柳長源도 역시 출계하였다.

제3장

게으른 늙은이, 게으름을 승화시키다

게으른 늙은이,
게으름을 승화시키다

1 용와 류승현의 삶과 마음

1) 물고기 잡던 소년 윤경允卿

용와 류승현은 1680년 음력 11월 12일에 태어났다. 자는 윤경允卿이고, 원래 자호는 용수慵叟였다. 스스로 어리석고 바보 천치와 같으며 게으르다고 하였지만, 그렇지 않았다. 어린 시절 류승현은 기국이 준수하고 행동이 뭇 아이들과는 달랐고, 또래 아이들이 덩치로는 상대가 되지 않을 정도로 기골이 장대하였다고 한다. 어린 윤경은, 북송 때 재상 문언박文彦博이 격구 공이 나무 구멍에 들어갔을 때 물을 부어서 절로 나오게 만들었던 것과 같이 그와 비슷한 일화를 남겼다. 손이 닿지 않는 고목 깊은 구멍

속에 이상한 새가 새끼를 기르고 있었다. 또래 아이들이 꺼내 보려 하였지만 방법을 찾지 못하고 멀뚱거리며 있었다. 윤경이 솔가지를 많이 꺾어 오게 하여 연달아 구멍을 채우자 문득 솟아올라 튀어나오는 것을 잡을 수 있었다. 이런 총명함으로 특별히 큰아버지(류종시)의 사랑을 받으며 '우리 가문의 천리구[吾家千里駒]'로 기대를 모았다. 배움에 들어서는 뛰어난 기억력과 함께 문장의 뜻을 탐구하기를 좋아하였고, 글을 지으면 깊은 생각과 원대한 뜻이 있었다. 아버지의 기대는 더하였고, 엄격한 가르침을 통해 훌륭한 선비로 대성할 수 있길 바랐다. 그런데 당시 윤경 역시 어린 소년이었다. 이웃집 또래들과 물고기를 잡으며 놀다가 몇 마리 잡아 나눠 가졌다. 집으로 가져오며 의기양양했고 자랑도 하고 싶었을 것이다. 엄한 아버지의 꾸중은 상상하지 못한 모양이다. 미물에게라도 생명을 함부로 대하지 말라는 경계를 받았고, 학업을 게을리 하는 모습에 꾸중을 들었다. 자식의 대성을 바라던 아버지는 그냥 있을 수 없었다. 분가 후 얼마 되지 않았을 때였기에 집 주변은 항상 시끄러웠다. 그는 약 10리 밖 산골마을로 이사를 단행하였다. 윤경의 나이가 10여 세 전후였으니, 아우 용빈用賓(류관현)은 막 태어났거나 아직은 뱃속에 있었을 무렵인 듯하다. 윤경은 이때부터 3년간 아버지가 지은 삼가정에서 전일한 교육을 받았고, 학문에 온 힘을 쏟았다. 학문에 전념하며 아버지의 바람대로 대성해서 뜻을 저버리지 않아야 했던 윤경은, 시험공부를 준비하여 좋은 결과를 얻었다. 가난한 집을 일으켜 어버이를 봉양하고자 한 것이다. 차츰 시험장에서 명성을 드러내면서 하과夏課(과거에 대비한 시부詩賦 공부)에서 장원을 한 적도 있었다. 그러나 다음날 시험 문제로 인해 여러 유생들이 항의하고 다툼을 벌이는 모습을 보고 실망하면서 즉시 포기하고 위동의 집으로 돌아왔다. 이즈음에는 열두 살 아래의 아우도 제법 자라 배움의 길에 들었고, 형과 함께 뜰 안의 가목을 바라보면서 7-8년을 더 머물며 공부에 전념하였다. 한편, 아우가 1704년 열세 살의 나이에 아기산 아래 있는 절에서 열린 문회文會에 아버지를 따라가 두각을 나타낸 적이 있었다. 이로 보면 그전에 삼부자는 위동의 생활을 마치고 본가로 돌아온 듯하다. 윤경이 스물다섯 살을 전후한 나이로 보인다. 삼가三檟의 회초리를 뒤로한 채 그렇게 5년이 지났다. 지극한 정성과 엄격한 가르침을 준 아버지가 자식의 성취를 보지 못하고 세상을 떠났다. 이때 윤경은 서른 살이었다. 과거에 급제하여 봉록을 받아 봉양하고 싶었던 아들이었다. 7년 후 법도와 예의를 가르쳐 주며 모범을 보여 주었던 어진 어머니까지 세상을 떠나고, 4남매만 남았다. 돌이켜보면, 아버지 상을 마치고 어머니가 떠날 때까지 3, 4년의 기간이 있었기에 행여 어머니에게라도 기쁨을 안겨드릴 수도 있었을지 모른다. 그러나 안타깝게도 입신양명의 효도는 그렇게 물거품이 되어 버렸다.

1719년 마흔 살의 나이에 윤경은 비로소 문과에 급제하였다. 그러나 윤경의 눈물이 어떠했을까. 돌아가 아들의 급제 소식을 전하려 해도 어버이가 계시지 않았다. 돌아가신 부모 영전에 대과에 급제한 홍패紅牌를 보여 드리면서 목 놓아 울었다. 이 모습에 기쁨으로 맞이했던 주변의 일가친척들조차도 모두 웃음을 멈추었다. 이렇게 아들 윤경은 어버이가 세상을 떠날 때까지 봉록을 받아 봉양하지 못한 불효를 통한의 눈물로 쏟아내었다. 급제한 이듬해, 1720년 경종이 즉위하였고 그 이듬해 처음으로 성균관학유가 되었다가 이어 학록·박사가 되면서 벼슬길을 시작하였다. 하지만 조정에서는 류승현이었고, 고향에서는 여전히 류윤경이었다. 막 벼슬길에 오른 그는, 서울 생활 3년이 지나고 예조정랑에까지 올랐지만, 남의 자식이 되어서[為人子者] 그 부모에게 다하지 못한 회한이 여전히 가슴속에 응어리로 서려 있었다. 마흔네 살, 예조정랑에 있을 때 일이다. 계서溪西 성이성成以性의 손자인 성세욱成世頊과 우정을 나누며 친하게 지냈는데, 성세욱이 지금의 영천 신녕현감新寧縣監으로 부임해야 했다. 1723년 9월 보름에 이별을 앞두고 윤경은 이렇게 기록하며 전송하였다.

봉록을 받아도 봉양하지 못하는 처지를 옛 사람이 슬퍼하였네. 그대 같은 이가 만종천사萬鍾千駟로 부임하니 영광스럽도다. 우리 그대는 어버이가 모두 살아 계신데, 두 분 다 노년이면서도 건강하시다 하니, 비록 콩죽을 끓이고 물만 드리는 봉양이라도 사람들이 영광스럽게 생각하지 않는 이가 없을 것이네. 하물며 전성專城의 봉양에 있어서는 어떠하겠는가. 신녕新寧이 십실十室의 작은 고을로 일컬어지지만 감지甘旨의 이바지에는 충분할 것이네. 또 본가와 200리가 되지 않는 가까운 거리이니 뵙기도 편할 것이네. 그대가 돌아가 늙으신 두 어버이를 받들며 현의 동헌에서 회근回巹(혼인한 지 61년이 되는 해)의 잔치를 베풀 터이니, 흠뻑 취한 모습에 학 같은 머리카락으로 신선처럼 마주앉은 광경일 것이네. 또한 그대가 홍포를 입고 인끈을 드리우면서 만수를 바라는 술잔을 높이 들고 부모님 앞에서 칭송할 것이니, 세상에 영광스럽고 다행한 일이 이보다 좋은 것이 없을 것이네. 옛날 농암聾巖(이현보李賢輔) 선생이 부모님께서 모두 살아 계시는 기쁨을 안고 안동부에 부임하여 고을 노인을 봉양하는 모임을 베푼 것이 실로 세상에 드문 성대한 일이었네. 또 "술잔 앞에 때때옷 입고 춤추는 걸 괴이하다 여기지 말라. 나 태수의 두 어버이 또한 잔치자리에 계시노라[樽前彩舞人休怪 太守雙親亦在筵]."라고 한 시구는 지금까지 전해지며 불리네. 그대에게서 다시 그 광경을 보게 되었네. 모자란 내가 그대와 종유한 지 2년이 되었지만, 부모님이 계시지 않는 슬픔의 감회가 함께하는 곳곳마다 생겨났었네. 지금 그대를 전송하는 이 저녁에 그대를 영광스럽게 바라보지만, 또한 거듭 비통한 마음을 절로 감출 수가 없네. 이제 시를 지어 전송하네.

하늘까지 덮을 듯이 부귀한 사람이 되길 바라지 않았고, 不慕薰天富貴人
늙고 병들어 태평의 시대에 버려진들 부끄럽지도 않았네. 不羞潦倒棄明辰
부러울 뿐이네, 그대가 오마 타고 남쪽으로 돌아가는 날 羡君五馬南歸日
그대의 집에는 늙으신 두 어버이 살아 계신다는 것이. 君有高堂雙老親

윤경은 사사로운 욕심을 채우거나 부귀한 사람이 되기를 바라지도 않았고, 선비로서 태평성대에 명성을 날리지 못한 것도 부끄럽지 않았다. 다만 부모님 봉양을 위한 봉록만 있으면 되었다. 그것이 한 고을 수령이 되어 그 녹봉을 받아 부모를 봉양할 수 있는 것을 가장 영광스럽게 여겼던 전성專城의 봉양이었다. 하지만 더 이상 하고 싶어도 영원히 그렇게 할 수 없는 처지가 되어 버렸다. 더군다나 부모를 장사 지내는 데에 있어서도 가난한 형편으로 인해 그 마음만큼 다할 수 없었다. 그래서 그는 평생토록 자신을 위해 전혀 꾸미거나 사치하지 않았고 감히 할 수 없었다. 소박하고 욕심이 없는 성품 때문이기도 하겠지만 부모님이 생전에 누리지 못한 것, 아니 그보다도 누릴 수 있게 해 드리지 못한 것을 생각하면 그 이상의 것을 차마 할 수 없었다. 그러나 슬픔과 그리움에 빠져 있을 수만은 없었다. 부모님이 세상을 떠난 지 10여 년이 흘렀고, 1724년 마흔다섯 살이 된 윤경은 이제 실질적인 가장의 역할을 해야 했다. 벼슬에도 큰 뜻이 없었다. 성세욱을 전송하면서 써 준 글과 시에도 이와 같은 마음이 담겨 있었음을 볼 수 있다.

2) 용수慵叟, 그리고 용와慵窩

류승현은 숙종 재위 연간을 거의 다 겪었고, 경종 즉위와 함께 4년, 영조조 20여 년을 살았다. 조정 안팎에서 당쟁의 혼란스러운 모습을 직접 보고 들었다. 그래서 게으른 늙은이가 되기로 하고, 그 게으름을 기르려고 움집을 지었다. 예조정랑 자리를 사직하고 표곡의 시냇물 소리 곁에 거처를 마련하여 용수로 자호하고 용와로 당호를 내걸었다. 이때부터 용와에서 삶을 살고, 게으른 늙은이 '용수'가 되고자 하는 마음을 굳히게 된다. 용와에서 약 2년 동안은 혼자 거처한 듯하다. 1726년 연초에 가족들까지 모두 표계에 새로 지은 용와로 이거시켰다는 것을 보면, 집을 지은 지 2년 뒤였다. 그리고 또 여러 곳을 옮겨 살다가 표곡으로 이거해 오는 삼종형 류석두를 맞이한다. 이때 지은 시가 있다.

공명이란 가소롭기가 모래로 밥 짓는 것 같으니, 功名堪笑等炊沙
속세 안목으로 학과 갈까마귀를 누가 알아보랴. 世眼誰知鶴與鴉
날아오른 꾀꼬리처럼 먼저 골짜기를 나온 것이 다행스럽지만, 自幸遷鶯先出谷
둥지 튼 숲속 새처럼 늘그막에 남가를 엿본 것이 가련하였네. 更憐栖鳥晩窺柯
산천이 기다리고 있으니 얼른 차지해야 하거늘, 溪山有待謀宜早
세월은 무정하여 그냥 두지 않을지도 모르겠네. 歲月無情計恐蹉
집 남쪽 대 위의 바위를 깨끗이 털어내고, 爲拂屋南臺上石
손을 맞잡고 목동의 노래 부르기를 원하네. 願言攜手和樵歌

앞의 네 구절은 자신의 이야기이고, 뒤의 네 구절은 류석두를 위한 마음을 담았다. 당나라 고황顧況의 시 「행로난行路難」에 "그대는 못 보았나, 눈을 져 와 우물 메우며 헛된 힘을 쓰는 것을. 모래 익혀 밥 지은들 어찌 먹을 수 있으리오[君不見擔雪塞井徒用力 炊沙作飯豈堪喫]."라고 하였다. 또 송나라 황정견黃庭堅의 「왕랑을 전송하며[送王郎]」라는 시에는 "모래를 쪄서 미음을 지음에 끝내 배부르지 않고, 얼음에 문자를 아로새기면 헛되이 공교로울 뿐이라네[炊沙作糜終不飽 鏤氷文字費工巧]."라고 하였다. 모래로 밥을 짓는 취사작반炊沙作飯의 고사와 같이, 류승현에게는 공명功名이 그런 것일 뿐이었다. 공명에 매달리는 것이 헛고생하는 것과 같다는 것을 알고 있었던 것이다. 그래서 낮은 곳에서 높은 곳으로 훌쩍 날아오르는 꾀꼬리처럼 공명을 얻었지만, 이내 남가의 꿈을 꾸었던 자신을 가련하게 여긴 것이다.

이러한 마음을 실천하려고 하는데, 세상은 또 그를 내버려 두지 않았다. 다시 용강현령이 되어 10월 겨울에 사은숙배 도중에 돌아오기도 하였다. 다행스럽게도 약 2년간 용와를 아끼고 다듬을 수 있는 여유가 주어졌다. 표계 가에서 봄날 술자리, 해질 무렵, 달빛 아래, 글 모임, 유람 등을 통해 벗들을 만나고 술을 즐기며 담소를 나누고 시를 짓고 이별하면서 한껏 여유로운 시간을 가질 수 있었다. 이때 이백의 「가을을 느끼며[感秋]」라는 시에 차운하여 지은 시[次李白感秋詩]는 그의 마음을 다시 한 번 알게 해 준다.

구월 가을 참으로 맑고 밝은데,	九月秋正闌
밤비가 대나무 떨기를 울리네.	夜雨鳴叢竹
아침이면 섬돌 국화 찾아가서	朝來訪菊砌
봉오리 꺾으면 국화향 가득하네.	掇英香滿掬
옛 사람을 길이 그리워한다지만,	永言懷古人
누가 그윽한 외로움을 위로하랴.	阿誰慰幽獨
산새들 창가에 다가와 지저귀고	山鳥近囱鳴
시내 구름 처마에 들어 머물다 가네.	溪雲入簷宿
지팡이 짚고 때때로 거닐다 보니,	杖屨時過從
좋은 이웃에 늘그막의 자리 기쁘네.	芳隣喜晚卜
내 나이 마흔하고도 아홉이니,	我年四十九

청춘의 모습은 다시 볼 수 없도다. 韶光往不復
모름지기 촛불 아래 공부하면서 須存秉燭工
한 삼태기 어긋나 자빠질까 걱정하노라. 恐虧一簣覆
허물을 거의 줄이고자 한다면 寡過或庶幾
경전의 가르침 익히고 닦아야 하네. 經訓要講熟

이렇게 고향에서 지내던 류승현은 1728년 무신년 이인좌의 난에 창의하여 영남의병대장으로 추대되고, 이후 1729년 종성부사에 제수되어 떠나야 했다. 부임한 이듬해 1730년 중양일(음력 9월 9일)을 맞이하였지만, 천연두가 돌아 사람들이 모두 떠나 버린 고을 초당에 홀로 앉아 고향에 대한 그리움과 외로움을 달래기도 하였다.

작년 오늘에는 두만강 머리맡에 있으면서 去年今日豆江頭
아스라이 고향 동산 중구일 놀이 떠올랐네. 遙憶故園重九遊
올해 중구일 고향 동산 여전히 적막하니, 重九故園還寂寞
국화 핀 가을 정취 함께 즐길 이 없구나. 無人共賞菊花秋

종성부사를 마치고 귀향한 류승현은 1736년 7월 여름에 쉰일곱의 나이로 아기산 기슭에 있는 봉황사에서 문중 모임에 참여하였다. 참으로 오랜만의 일이었다. 80여 명이 모인 자리에 나이 80이 넘은 이가 세 명, 60-70 사이가 20명, 류승현이 포함된 50 이상이 그 나머지였다. 일흔의 나이로 함께 참여했던 족조 호와 류현시(1667-1752)는 지상의 신선[地上仙人]과 같은 세 노인을 비롯하여 노소가 어우러진 모습을 보고 '우리 가문의 완복完福'이라는 감탄과 함께 애친경장하며 화목을 이어 가라는 가훈을 대대로 지킬 수 있음을 기뻐하였다. 류승현은 이 자리의 말석에 앉아 주선하면서 당시의 성대한 일을 기록하여 후대에 전할 수 있게 하라는 명을 받고 감격하였다.

아버지 류봉시로부터 지금의 류승현이 있을 수 있는 것처럼, 류승현 자신도 아들 류도원에게 각별하였다. 아우 양파의 둘째 아들로 태어나 자신의 대를 이어 가는 아들이기에 그 마음은 굳이 말하지 않더라도 짐작할 수 있을 것이다. 아울러 부득이 자신을 대신해 고향의 집을 지키고 있었기에 집안 걱정도 컸다. 1742년 예순세 살이 되던 해 스물두 살의 아들 류통원(류도원의 초명)에게 보낸 편지가 있다. 전염병의 소식을 접하고 집안과 가족의 안부가 궁금하여 그리움으로 써내려 간 것이었다. 불능망不能忘, 근심과 걱정으로 잊을 수가 없다고 하였고, 그래서 돌아가고 싶은 마음이 날마다 간절해져 때로는 견딜 수 없을 정도라고도 하였다. 가을이 되면 사직을 청하고 집으로 가겠다고 하면서 막 지은 침간정을 청소해 두라고 당부하였다. 그리고 아들을 위해 진현陳玄(먹) 하나와 큰 홀笏을 준비해 보내 주었다. 이 무렵, 문과에 급제하여 지평을 지냈고 이인좌의 난에 예천에서 활약하였던 만명헌晩命軒 박성옥朴成玉(1690–1743)과 만년지교를 맺어 우정을 나누기도 하였다. 박성옥은 남야南野 박손경朴孫慶의 아버지인데, 박손경이 제문을 지어 아버지와 우정을 나눈 류승현의 죽음에 애도하였다.

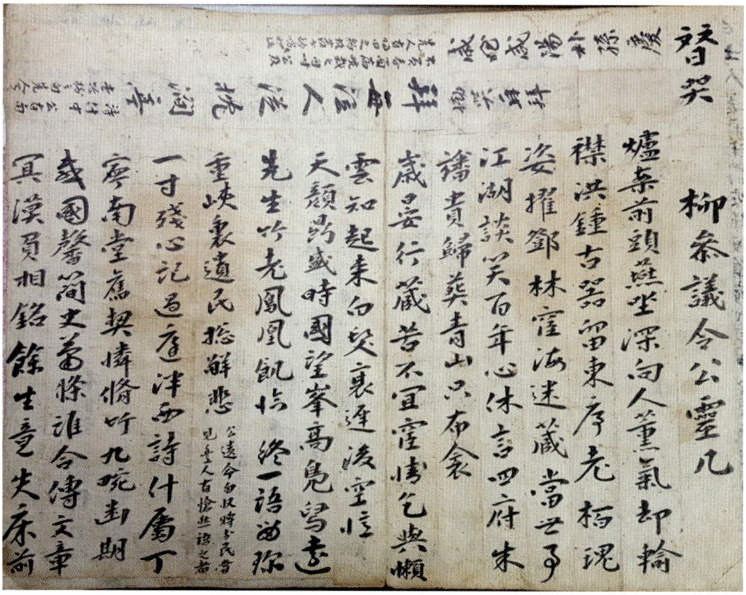

박손경이 류승현을 애도하여 지은 제문

아우 류관현과는 우애가 독실하였는데, 아버지를 잃은 뒤부터는 형이자 스승으로서 성취시켰고 아우가 분가한 뒤에도 슬픔과 기쁨을 함께 나누었다. 어린이들을 보면 마치 자신의 수족과 같이 여겼고, 비복에 이르기까지 피차의 구분을 두지 않았기에 남들이 주인이 누구인지를 모를 정도였다고 한다.

맛있는 음식이 생기면 반드시 동생들을 생각하며 고락을 함께 하였고, 남은 봉록이 있으면 반드시 챙겨 두었다가 누이에게 나누어 주었으며, 생질들을 친자식처럼 훈육하여 성장시켰다.

종형이자 수곡파 대종가 종손인 류원현과는 각별한 사이였고, 특별히 존경하면서 아버지와 같이 대우하였다. 류승현이 여섯 살 아래였는데, 함께 청송의 경치를 유람한 적이 있었다. 류승현은 그 자연에 심취하였고, 이미 이사할 계획까지 세워 두고 있었다. 류승현을 아끼고 의지하였던 류원현은 용와와 떨어져 지낼 수 없었기에 울면서 저지하였고, 류승현은 결국 계획을 취소하게 되었다. 이러한 일화가 전해지자 밀암 이재가 감탄하면서 두 사람의 독실한 친애는 아무나 따라할 수 없는 것이라고 칭찬하기도 하였다.

약관에는 아버지(류봉시)의 명을 받고 가산을 처분한 뒤 수십 꾸러미의 돈을 받아 돌아오는 일이 있었는데, 오는 길에 표제表弟 김형국金衡國을 만나 그 돈의 절반을 떼어 준 일이 있었다. 김형국 또한 가난한 형편으로 늙은 어버이를 모시고 살았기에 가진 돈을 주어 도와주려 한 것이었다. 어쩌면 혼날 일이었지만, 아버지는 그렇지 않았다. 젊은 나이에 자신보다 더 불쌍한 주변을 살피는 류승현의 마음이 아버지에게는 더 큰 위로이자 선물이었다.

중년 이후부터는 점차 너그럽고 온화한 풍모를 드러내었다. 마음을 바로 세우고 행의를 절제하면서 한결같이 공평충신公平忠信을 근본으로 삼았다. 사람을 대우하고 사물에 대처할 때는 성의가 넘쳐나 경계를 긋지 않았다. 남의 선을 보면 기뻐하고 자랑해 주면서 마치 자신의 일처럼 여겼지만, 불선을 보더라도 세차게 몰아치거나 꾸짖기보다는 심성心誠으로 걱정하고 탄식하면서 개

선할 수 있길 바랐다. 이 때문에 특히 사람에 대해서는 친소와 귀천으로 대우하지 않았고, 아끼면서 공경하지 않음이 없었다. 비록 경박하고 비루한 무리라 하더라도 함부로 나무라거나 꾸짖은 적이 없었기에 모든 이들이 후덕장자厚德長者라고 칭송하였다. 하지만 류승현을 깊이 아는 이들은 강의복절剛毅伏節의 선비로 인정하였는데, 류승현 자신이 평소에 한 말에서도 그 성품을 알 수 있다.

> 나는 남달리 특별한 재능이 없고, 불행하게 환난을 당하더라도 오직 죽음이 있을 뿐이다.

붕우와의 교제에 있어서는 미쁘면서도 친압하지 않았다. 서로 마음을 터놓고 도의로 사귄 이들 가운데 특별히 김성탁과 교분이 두터웠다. 김성탁이 갈암 이현일의 신원상소를 올렸다가 유배되자, 류승현은 힘을 다해 10여 년을 하루같이 끝까지 돌보면서 꿈에서까지 걱정하였다. 이로 인해 주변에서는 두 사람의 사귐을 전교全交(교유를 온전히 한)의 의리가 옛 사람들에게도 부끄럽지 않다고 칭찬하였다.

류승현의 평생 바람은 침간정에서 자신의 게으름을 기름과 동시에 극복하는 것이었다. 그 바람에 따라 자신의 거처인 용와와 침간정 뜰을 다듬으면서 화초를 심었고, 침간정 동쪽 자연 암대 아래 있는 고음석孤吟石에 올라 홰나무 버드나무 그늘을 덮으며 소요하고 산보하였다. 따라서 편안하고 담박한 그의 시는 이 경치를 노래하는 방법이었다. 이러한 여가에도 독서를 그만둔 적이 없었다. 특별히 목표량을 정해 읽지 않고 회심처會心處를 만나면 그보다 더 기쁜 일이 없었다. 만년에는 거의 독서에 전념하면서 특히 『주역』에 심취하였는데, 세상의 혐의를 결단하고 사리를 통달하기 위한 노력이었다.

이 책을 읽지 않으면 혐의를 결단하고 사리를 통달할 수가 없다. 세상에 선비라는 이들이 대부분 은미하고 심오하여 깨닫기 어렵다고 여기면서 처음부터 사색하지 않는다. 또 그렇지 않으면 한갓 구절과 어휘를 표절하여 과거시험에 잘 꾸미려고만 하니, 모두 한탄스럽다.

독서 방법은 반드시 고금의 문장을 위주로 하면서 그 가운데 이치가 순하고 말이 거침이 없는 것을 취해서 보았다. 그래서 자신의 진심 어린 속마음을 잘 전달할 수 있는 글을 읽었는데, 그의 문장에 대한 인식을 잘 보여 주는 것이다.

문文이란 뜻을 전달하는 바이니, 만약 마음속에서 나오지 않고 험벽險僻한 단어로 말을 빙빙 돌리는 데에 힘쓴다면 그 사람이 어떤지 알 만하다.

류승현은 시문詩文을 지을 때에 오직 평실혼전平實渾全을 주로 삼았고, 절대 공졸工拙의 여부를 마음에 두지 않았다. 이러한 그의 작품들이 문집에 실려 있는데, 바로 『용와문집』 4권 2책이다. 서문은 1784년에 눌은訥隱 이광정李光庭(1674–1756)이 지었고, 부록에는 역시 이광정이 지은 행장, 채제공이 지은 묘갈명, 류치명이

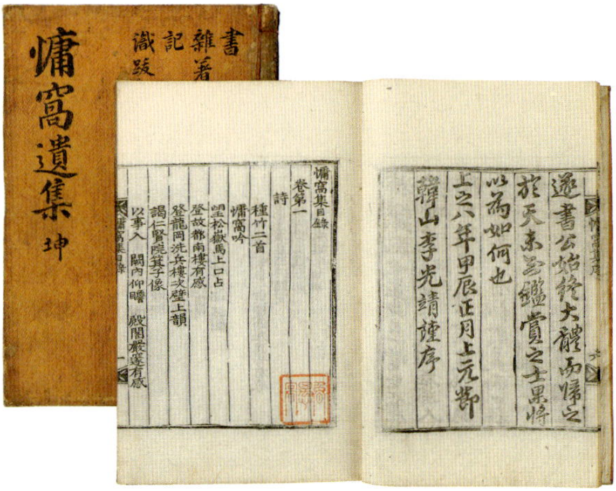

『용와문집』

지은 묘지명이 있다. 권미에는 그의 유묵 판각본이 실려 있다. 이 문집을 통해 류승현의 학문적 역량을 가늠할 수 있다. 네 권 가운데 두 권이 모두 시로서 그의 시재를 알 수 있고, 20여 수의 만시를 제외한 140여 수의 시는 평담하고 실질적인 면모와 흥취를 잘 알 수 있다. 특히 「북관일기北關日記」는 1729년 종성부사로 부임하면서부터 이듬해 귀향하기까지의 여정과 관직 생활을 읊은 것인데, 부임지까지의 여정과 시를 쓰게 된 배경 등에 대한 저자의 상세한 주가 달려 있다. 아울러 「북도풍토대략北道風土大略」은 종성부사로 재직 중에 철령 이북 지역의 습속, 민습, 토전의 상태, 백성의 생활, 종성의 건물, 절개를 지킨 기녀, 청나라 차사差使의 폐단 등에 대해 기술한 것이다. 이를 통해 그의 기록정신의 일면도 알 수 있다.

류승현의 부인은 숙부인淑夫人 광산김씨光山金氏로 통훈대부행 산음현감 김한벽金漢璧의 딸이다. 유순柔順의 덕을 지니고 류승현과 혼인한 뒤에 효성을 다해 시부모를 섬기고 내조를 다하였다. 특히 시누이들에게 인의仁義를 베풀고 조카들을 친자식처럼 여기며 보살폈다고 한다. 가난한 살림을 길쌈으로 이어 가면서 남편의 공부와 관직생활의 비용을 감당하기도 하였다. 남편보다 16년 앞서 세상을 떠났는데, 아들 하나를 두었지만 불행을 겪었다.

2 재상의 자질과 풍모

류승현은 숙종 45년 1719년 40세에 증광시 문과에 급제하여 영조조까지 20여 차례 내외 관직을 역임하였고, 정조조에 이르러 가선대부 이조참판 겸 동지경연의금부사 홍문관제학 동지춘추관성균관사 오위도총부부총관嘉善大夫吏曹参判 兼同知經筵義禁府事 弘文館提學 同知春秋館成均館事 五衛都摠府副摠管에 추증되었다.

문과에 급제할 때 일화가 있다. 시험을 마친 뒤 이름을 가린 답안지의 봉함을 뜯기도 전에 머물던 숙소로 돌아왔다. 시험 결과에는 별 관심이 없었다는 뜻이다. 마침 시험 결과가 전해지자 함께 여관에 머물던 이들이 감탄의 환호와 축하의 박수를 보내주었다. 여관이 들썩였지만, 류승현은 오히려 말과 얼굴빛이 태연하였고 곧바로 잠자리에 들었다가 코까지 골아 가며 깊이 잠들었다. 당락에 관심을 두지 않았던 것이다. 왜냐하면 7년 전 아버지를 여의고 바로 한 해 전에 어머니 상을 마친 뒤였기에 봉록을 받아 봉양할 어버이가 없었기 때문이었을 것이다. 하지만 당시의 태도에 주변의 평가는 달랐다. 석계石溪 이시명李時明의 손자인 고재顧齋 이만李槾은 남들이 미칠 수 없는 아량이라고 칭찬하였고, 윤선도의 외손자인 약현藥峴 심단沈檀은 "영남인의 덕망과 기량을 지녔고 재상이 될 만한 두 사람을 보았다."라고 하면서 칭송하기도 하였다. 두 사람 가운데 다른 한 사람은 창설재蒼雪齋 권두경權斗經이었다. 이 무렵 숙종이 승하하고 1720년 경종이 즉위하였다. 경종이 칠탄七灘 김세흠金世欽의 관작을 회복시켜 주었는데, 김세흠이 죽은 뒤였다. 김세흠은 1698년 교리가 되어 붕당·기강·기근 등을 논하는 소를 올렸다. 또 1707년 수찬으로서 이잠李潛의 구명을 간하다가 관작을 삭탈당하고 흥양興陽에 유배되었다가 풀려나 초야에서 지내고 있었다. 경종 즉위와 함께 복직되었으니, 영남인의 벼슬길에 있어 서광이었다. 그런데 김세흠의 죽음으로 낙담하고 초조해진 영남은 아무개가 재상이 될 것이고 아무개는 대신이 될 것이라 설왕설래하며 은근히 영남 선비들의 등용을 바랐다. 류승현은 못들은 척하면서 좌중을 둘러보며 "우리 영남인의 기상이 이와 같으니 매우 부끄럽습니다[吾黨氣像如此 甚可羞也]."라고 한탄을 하였다. 자신을 포함해 출사에 급급한 영남 선비의 구차한 모습을 보고 탄식하며 경계한 것이다.

행장을 지은 이광정은 류승현의 사람됨을 다음과 같이 논하였다.

> 공으로 하여금 조정에 있게 하였다면 반드시 정도를 어기면서 자격 없이 봉록을 받지 않았을 것이고, 대각臺閣에 있게 하였다면 반드시 나를 굽혀가면서 남의 말을 좇지 않았을 것이로다. 불행히 환난을 만나더라도 의를 버린 채 삶에 구차하지 않았는데, 세상이 큰일을 할 만한 자리에 있지 못하게 하였도다. 또 크고 굳세어 중한 임무를 맡을 기국으로도 시험할 바를 조금도 가질 수 없었지만, 그 주군州郡 같은 한산한 곳에서 발현한 것에서도 또한 공의 보존한 바를 알 수 있도다.

다음은 류치명이 백고조부인 류승현의 묘지명을 지으면서 새긴 내용이다.

> 벼슬에 종사함에 구차스럽게 가서 명성을 이루려 하지 않았고, 비좁고 궁핍한 자리에서도 절조를 더럽히지 않았으니, 대개 그 마음가짐이 공평하였고 오직 의리로 살폈기 때문이었도다. 곧은 절조에도 속세와 단절하지 않았고 강개한 성품에도 오만하지 않았도다. 크고 굳세며 바르고 당당하여 외물이 마음을 끌어 갈 수 없었고, 기미를 보고서 드러남을 알아 여유롭게 정해진 계책을 가졌도다. 모두 덕성에 뿌리를 둔 것으로서 겉으로만 닦아서 할 수 있는 것이 아니었도다. 어찌 이른바 육척六尺의 어린 임금을 부탁할 만하고, 백리百里의 정사를 맡길 만하며, 대절大節에 임하여 지조를 빼앗을 수 없는 이가 아니라고 할 수 있겠는가.

『논어』에 나오는 "여섯 척의 어린 임금을 맡길 만하고, 백 리의 정사를 맡길 만하며, 대절에 임해서 그 절개를 빼앗을 수 없다." 라는 말은 바로 군자다운 사람[君子人]을 일컫는 대표적인 말이다. 류치명에게는 바로 류승현이 군자다운 사람이었던 것이다.

1) 벼슬길에서

류승현은 마흔두 살이 되던 1721년에 처음으로 성균관학유가 되고 곧이어 학록·박사가 되었다. 이후 양현고 직장, 가주서, 전적, 예조좌랑, 부호군겸춘추를 거쳐 3년 만에 예조정랑이 되었다. 예조정랑 때의 일이다. 진주에 사는 일가 사람이 향시에 합격하고 나서 그 가까운 친척이 막 죽었다는 이유로 다음해 복시覆試에 선처를 부탁하였다. 류승현은 허락하지 않고 단호히 이렇게 말했다.

> 득실은 운명에 달려 있는 것인데, 그대가 선비가 되어서 어찌 차마 나라를 속이고 그 친척의 죽음으로서 사칭할 수 있겠는가.

그 사람은 결국 다른 사람을 찾아 부탁하기 위해 떠났다가 훗날 류승현을 만나게 된다. 그리고 당시에는 유감이 없을 수 없었지만 지금에서야 진정 덕으로써 자신을 아껴 준 마음을 알게 되었다고 하였다.

류승현은 첫 벼슬길 3년 동안 결코 권문세가의 문턱을 넘은 적이 없었고, 공무 외 여가에는 뜻을 같이하는 고향 벗들과 어울리며 시를 짓거나 바둑을 두는 것이 일상의 전부였다. 이러한 모습에 영남의 옛 풍도를 저버리지 않았다는 서울 사대부들의 칭찬을 받았고, 예조의 관리들은 인사를 담당하는 전관銓官의 문이 어디에 있는지를 몰라 벼슬길이 막혀 버렸다고 하면서, 그의 벼슬자리에 대한 초연한 자세를 칭송하면서도 한편으로는 안타깝게 여겼다. 그러던 어느 날 문득 관직을 버리고 고향으로 돌아가려고 하였다. 그리고 돌아오는 길에 시를 읊었다.

나의 얼굴은 종이 될 수 없었고, 吾顔不可奴
나의 무릎도 종이 될 수 없었네. 吾膝不可婢
크게 웃으며 궁궐 문을 나서니, 大笑出國門
영남 땅은 천리나 떨어져 있네. 嶺南一千里

이 시는 당시에 많은 사람들에게 전해져 불렸다고 한다. 특히 밀암 이재의 문인으로서 사림의 존경을 받았던 모산慕山 권혜權寭는 자신의 문집에 실으면서 전원으로 돌아와 은거하던 류승현의 풍모에 대해 벼슬을 전혀 구한 적이 없고 권세와 이익에 구차하지 않았으며 일을 처리함에 공명정대하였다고 평가하였다. 조금의 사심도 없이 벼슬을 내던지고 고향 표곡에 돌아온 류승현은 비바람에 쓰러져 가는 집을 대신해 시냇가에 거처를 마련하였다. 이제야 드디어 용수慵叟라고 자호하고, 용와로 당호를 걸면서 이른바 게으른 늙은이의 삶을 살기 시작할 수 있었다. 그러나 겨우

1년 남짓이었고, 다시 조정의 부름을 받게 된다.

1726년 마흔일곱 살의 류승현은 한겨울에 평안도 용강현령으로 제수되지만 도성에 이르기 전에 전임자의 유임으로 되돌아오기도 하였다. 그렇게 다시 여유를 찾았지만, 그것도 잠시였다. 1728년 무신년 이인좌의 난이 일어났다. 가만히 지켜보고만 있을 수 없었고, 의병장으로 추대되어 출병을 준비하고 있었다. 이내 난이 진압되면서 해산할 수밖에 없었지만 그의 충군과 의리 정신을 볼 수 있는 부분이다.

1729년 2월에 쉰 살의 류승현은 병조정랑이 되었다가 얼마 후 사헌부장령에 제수되었으나 조정의 사정으로 다시 체직되기도 하였다. 당시에 일화가 있다. 장령에 제수되어 명을 받들기 위해 필마로 향하던 중에 길에서 우연히 절도사 휘하 무관인 우후虞候의 행차를 만났다. 류승현은 피마避馬하며 길옆에서 쉬었다가 그 행차가 지나간 뒤에서야 다시 길을 갔다. 피마란 길을 가다가 자기보다 품계가 높은 관원을 만났을 때 말에서 내려 길을 피하여 경의를 표하는 것을 말한다. 어떤 이가 괴이하게 여기면서 그 이유를 물었다.

> 내가 만약 스스로 말을 한다면 저들이 반드시 길을 되돌려 찾아와 사례할 것이니, 이는 남을 낭패시키는 것이다. 또한 내가 지금 막 군왕의 명령을 받들러 가는 길이니, 반드시 조정의 예법으로 꾸짖을 필요가 없다.

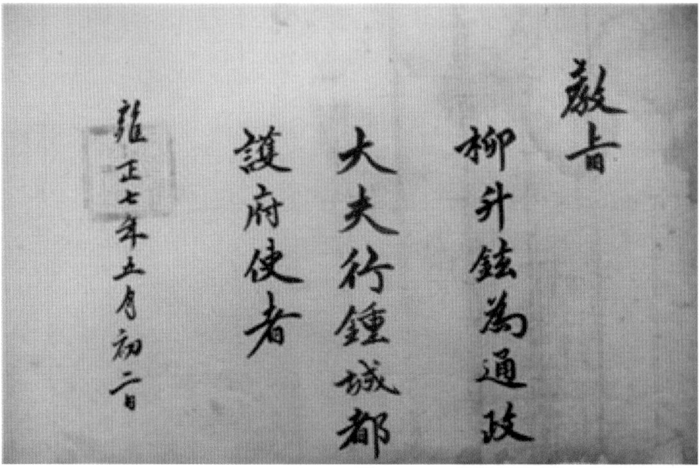
敎旨
柳升鉉爲通政
大夫行鍾城都
護府使者
雍正七年五月初二日

종성부사 제수 교지

이해 4월에 종부시정宗簿寺正이 되고 다시 통정대부의 품계에 오르면서 함경도 종성부사鍾城府使에 제수되었다.

영조의 부름을 받고 알현하였는데, 영조가 무신년의 일을 기억하고 있었고, 류승현의 얼굴을 보고 싶었기 때문이었다.

> 지난 해 역란逆亂에 그대가 능히 창의하여 의병을 경계한 일을 내가 매우 가상하게 여겼는데, 그대의 얼굴을 보고 싶었노라.

류승현은 일어나 사례하였다.

> 신은 재주도 없는데, 외람되이 향당 부로들의 추대와 위임을 받았기에 드디어 군사를 규합하고 인솔하여 선봉에 서서 죽기로 맞서고자 하였습니다.

그런데 얼마 후 관병이 신속하게 무찔러 제가 군사를 움직이기도 전에 파하였으니, 신은 실로 조금도 노력한 것이 없습니다. 어찌 감히 지금 성은의 말씀이 가당하겠습니까.

이 말은 들은 영조는 가만히 있을 수 없었다. 그리하여 궁시弓矢를 하사하고 임지로 보냈다. 숙배를 마친 류승현은 드디어 군왕의 정사를 대신 펼치기 위해 처음으로 지방 목민관이 되어 종성에 도착하였다. 백성들은 선정의 기대에 부풀어 하례하며 맞이하고 있었다. 이미 류승현의 인품에 대해서 동향의 옥천玉川 조덕린趙德鄰을 통해 익히 듣고 있었던 것이다. 한편, 이 무렵은 노론과 소론이 벌이는 당쟁의 소용돌이 속에서 그 폐해를 논하는 상소가 빗발치던 시기였다. 조덕린이 사간에서 물러나 고향에 있던 중 1725년 당쟁의 폐해를 논하는 10여 조의 상소를 올렸는데, 이때 노론을 비난하는 내용이 논란의 빌미를 제공하였다. 이로 인해 70세의 나이로 종성에 유배되었다가 1727년 정미환국으로 3년 만에 풀려난 적이 있었다.

왕년에 조공趙公께서 이곳에 유배 왔을 때 "남쪽 고을에 류 아무개라는 어진 선비가 있다."라고 말씀하신 적이 있었습니다. 지금에야 우리 고을에 부사로 부임하시니 이 얼마나 다행스러운 일이 아니겠습니까!

종성부의 백성들은 서로 축하의 분위기에 휩싸였다. 이렇게 백성들의 기대를 안고 종성의 어버이가 되어 예전에 보기 드문 선정을 베풀었다. 그런데 얼마 후 그는 오랫동안 책임자가 없던 속진屬鎭 당관潼關의 백성들이 약초를 채취하기 위해 국경을 넘어온 일로 인해 감사의 지적을 받고 파직되고 만다. 백성들에게는 불행한 일이었지만, 그나마 다행스러운 일이 생겼다. 후임자가 제때 오지 못한 것이다. 파직된 류승현이었지만 유수留守로서 1년여의 정사를 대신하게 되었다. 봉공혜민奉公惠民의 선정을 베풀면서 전혀 나태함을 보이지 않았기에 변방의 다스림이 차츰 안정될 수 있었다. 여름이 되자 드디어 부임한 후임자에게 맡기며 떠나야만 했다. 함경도라고 하지만 더운 여름이었다. 류승현이 떠나는 날, 고을 백성 남녀노소 80여 명이 흐르는 땀을 아랑곳하지 않고 앞다투어 술과 음식을 싸가지고 와 길을 에워싸고 전별하였다. 심지어 수레에 매달리고 어루만지며 눈물을 머금고 차마 보내지 못하겠다고 한 이들까지 있었다. 류승현은 마치 자신들이 죄를 지은 것처럼 눈물을 흘렸다고 하였다. 당시의 상황을 상상해 보면 그 애절한 정다움에 이별의 안타까움을 느낄 수 있을 것이다.

한편 종성부사를 마치고 고향으로 돌아오기 전에 나무상자 하나를 먼저 보낸 적이 있었다. 가족들이 열어 보니, 고향에서 보낸 편지 몇 묶음과 착용하던 건모巾帽 및 필연筆硯 등 평소에 자신이 사용하던 것뿐이었다. 또 종성으로 떠날 때 가지고 갔던 삼베 홑이불 하나는 세월이 많이 지나 터지고 해졌는데도 수선한 흔적도 없이 그냥 돌아와 있었다. 고향으로 돌아온 류승현은 딸의 혼인을 앞두고 있었지만 전혀 혼수를 마련할 만한 형편이 되지 못하였다. 가진 대로 혼사를 치르는 동안 고향 사람들이 400꾸러미의 돈을 모아 보내왔다. 정성스러운 부조였지만, 한 푼도 받지 않고 모두 돌려주었다. 그렇게 고향으로 돌아온 얼마 후 부인의 상을 당하고 만다. 차디찬 겨울 날씨에 그의 가슴도 싸늘하게 얼었을 것이다. 상을 마친 류승현은 이듬해 다시 부호군이 되고 그로부터 또 4년이 지났다. 나이가 50대 중반에 접어들고 있었고, 1733년 여름이었다. 어사御史 이종백李宗白이 장계를 올렸다. 내용은 이랬다. 당시 함안군수가 연임이면서 무과 출신인 것이 고을과 백성들에게 병폐가 된다는 것이었다. 그래서 문신 가운데 명망을 갖춘 이를 중용해야 한다고 했다. 조정에서는 류승현을 지명하였고, 명에 따라 부임하였다. 한편, 전임 군수는 평소 잘 알지 못하는 사이였고, 전임자라는 위세도 없잖아 있었다. 그래서인지 함부로 대하는 경우가 자주 있었고 심지어 죄로 다스릴 정도였다. 하지만 별다른 문제로 삼지 않았고 유감을 갖지 않도록 끝까지 잘 대처하였다. 이에 전임군수는 크게 감사하면서 류승현이 재임하는 동안 노고에 위로를 아끼지 않았고 관대하게 대우하면서 자신의 잘못에 대해 사죄하였다. 또 아전이나 하인들 가운데 언행에서 예의와 법도를 어기는 일이 많았지만, 그때마다 못 본 척 얼굴을 돌리면서 용서를 하였다. 당시는 지난 2년 동안 대기근을 겪은 뒤였기에 온 나라가 모두 말할 수 없이 피폐해져 있었고 함안의 사정은 더더욱 형편없었다. 백성들이 뿔뿔이 흩어지고 관청 창고는 탕진되었으며 농지와 군비의 기록까지 모두 누락되었거나 허위였다.

류승현은 부임하자마자 제일 먼저 피폐하고 병에 찌든 실정을 살피기 시작하면서 어량漁梁과 시전市廛에 부과되는 세금을 없앴다. 아전과 노비가 장사를 할 수 있게 하고 백성들에게 관곡을 내어 준 뒤 가을에 환곡을 감당하지 못하는 이들에게는 곧바로 관아에서 써야 할 곡식으로 채워 주면서 백성의 힘을 덜어 주고 관청의 쓰임을 줄이는 데에 힘썼다. 부임한 지 2년도 채 되지 않아 고을이 조금씩 옛 모습을 찾아가고 있었지만 백성들은 부역의 고통에서 벗어나지 못해 생계를 이어 가기 쉽지 않았다. 그 실정을 하소연하며 찾아온 이들을 불쌍히 여기면서 눈물을 흘리며 위로하고 달래자 백성들도 차츰 감동의 눈물로 보답하면서 물러가곤 하였다.

이와 같이 백성과 아랫사람을 다스리고 일에 대처함에는 한결 같이 공평하고 어질고 너그러움을 위주로 하였지만, 공법公法에 저촉되는 일에 있어서는 과감하게 재판하여 조금도 용서하거나 봐주지 않았다. 간교한 아전 하나가 야인野人을 침해하여 적율賊律로 다스려졌다. 일찍이 포도군捕逃軍이 효시하여 훗날의 징계로 삼고자 하면서 군복을 갖춰 입고 병장기를 준비한 적이 있었다. 아전의 주변 사람이 구해 보고자 하였으나 되지 않자 몰래 놓아 주면서 거짓으로 도망가 버렸다고 하였다. 류승현은 대노하면서 천총千摠(각 군영에 소속된 무관직)의 죄라 하고 마침내 끌고와 곤형을 결정하였다. 그 천총은 류승현이 평소 신임하던 자였는데도 이와 같이 위엄과 은혜를 아울러 펼치고 군 전체가 화합하면서 따르게 하였다.

함안군수 재임 시에는 권문가의 하나인 함종어씨咸從魚氏 집안을 설득시킨 일화가 한두 가지 있다. 모두 백성들의 민생을 위한 조처였다. 군내에는 연산군 때 좌의정을 지낸 어세겸魚世謙(1430–1500)의 묘와 묘전墓田이 있었다. 어세겸의 후손 가운데 함원부원군咸原府院君 어유구魚有龜가 있었는데, 바로 경종의 왕비인 선의왕후의 아버지이자 국구國舅였다. 당시에 어유구가 그 종숙인 선전관宣傳官 어사적魚史績을 시켜 100여 년 전의 묘전을 찾고 있었는데, 류승현에게도 편지를 보내 부탁하면서 되찾을 수 있도록 일을 맡겼다. 그 묘전은 모두 10결結이었는데, 오랜 세월에 거의가 백성들이 경작해 오던 밭이 되어 버렸고, 어씨 가문의 문서에서도 양명量名(양안에 기재하는 밭주인의 이름)만이 기록되어 있을 뿐이었다. 백성들을 불러 물어보니, 모두가 대대로 경작해 오던 밭이라고 하였지만 또한 증명할 문서가 없었다. 어사적은 자기들의 땅이라고 우기며 군수에게 서명을 하게 하고 양안量案을 작성해 줄 것을 요구하였다. 류승현은 거절하였지만 그들의 배경에는 경종의 장인인 어유구가 있었기에 쉽지 않은 일이었다. 그런데도 그들의 요구에 수긍할 수 없는 분명한 이유가 있었다.

이 일은 100여 년 전의 일로서, 문서의 유무를 가지고 그 주인을 결정할 수 없습니다. 또한 공의 가문은 이 땅이 없다 하더라도 선조의 묘소를 받드는 데에 부족함이 없습니다. 하지만 저들은 이 땅을 바라보며 목숨을 부지하는데, 하루

아침에 빼앗아 공에게 주어 버리는 결정을 제가 차마 할 수 없습니다. 단지 저의 이 뜻을 가지고 돌아가 대감(어유구)에게 전해 주십시오.

어사적은 매우 화를 내며 갔고, 이 일을 어유구에게 전하였을 것이다. 그런데 뜻밖에도 그 후에 부원군의 말을 가지고 와 사과하면서 그 굳은 마음과 지극한 공정함에 감복하였다.

이전에 함안군은 한강寒岡 정구鄭逑가 다스린 적이 있는 곳이고, 지금까지 그 청덕비淸德碑가 남아 있다. 그 이후 100여 년이 지나 류승현이 부임했을 때에는 당시의 유풍이 쇠퇴해져 있었고 선비들도 학문을 익히는 데에는 무관심하였다. 따라서 그는 정구의 선정을 이어서 특히 선비들의 유풍과 학문을 진작시키고자 하였다. 먼저 조금이라도 행의와 문학을 갖춘 이들을 우대하면서 고을의 자제들을 모으고, 학사學舍에 곡식을 모으거나 봉급을 출연하여 그 문예와 학업을 닦게 하였다. 또 자신이 직접 관아 서재에 데리고 오기도 하고 향교에 나가 강론하며 훈칙하기를 거듭하면서 마침내 고을 사람들이 흥기될 수 있었다. 이와 같이 함안의 유풍을 진작시키는 일뿐만 아니라, 선현을 추모하며 유풍을 계승하는 일에도 각별한 노력을 하였다. 당시 우졸재迂拙齋 박한주朴漢柱의 묘소가 군 경계 사이에 있었다. 박한주는 점필재 김종직의 문인으로 무오사화에 유배당하고, 갑자사화에 목숨을 잃은 인물이다. 그의 묘는 세월이 오래 흘러 흔적을 찾기 어려울 정도로 무너져 있었다. 이 소식을 듣고 가슴이 아팠던 류승현은 곧

바로 봉분을 보수하고 직접 제문을 지어 제향하였다. 그리고 매월 초하루 보름 새벽마다 일어나 망례望禮를 행하고 공자의 사당을 배알하였다. 얼마 뒤에는 고을의 무부武夫를 소집하여 직접 활솜씨를 시험하고 상벌을 엄격히 시행하였다. 이를 계기로 이런 훈련은 이후에 정규적으로 시행되게 되었다.

온화하고 너그러운 성품으로 중재자의 역할도 자처하였다. 당시 조정은 노론이니 소론이니 남인이니 북인이니 하는 당색으로 갈렸지만, 또한 오래전부터 함안의 선비와 백성들에게도 붕당의 폐해가 있었다. 더군다나 전임자가 사사로운 마음으로 일 처리에 일방적인 경우가 많아 백성들 사이가 더욱 갈라지고 과격해져 있었다. 그러나 류승현에게 그런 것은 문제되지 않았다. 한결같이 성의로 대우하고 화해하는 길로 이끌면서 이전의 풍습을 혁신해 나갔다. 그 결과 최소한 류승현이 부임하여 다스리던 동안은 그와 같은 다툼이 더 이상 없었다고 한다. 또 고을 사람들과 이수정二樹亭이라는 곳에서 잔치를 베풀고 있었는데, 어떤 사람이 말을 타고 지나가면서 자리를 헤집고 가버렸다. 류승현은 보지 못한 것처럼 하였는데 주변에서는 질책해야 한다고 청하였다. 하지만 류승현은 그 사람이 반드시 우리 고을 사람이 아닐 것이라고 하며 대수롭지 않게 생각하였다. 그러나 주변의 생각은 달랐다. 비록 같은 고을 사람이 아니라 하더라도 어찌 감히 이곳에 들어와 군수에게 불경할 수 있겠냐는 것이었다. 류승현은 이렇게 말하였다.

저 사람은 분명히 배경을 믿고 그런 것이니, 만약 질책해서 더욱 불손해진다면 또 다른 시끄러움을 불러일으킬 것이니, 이 즐거운 일을 방해할 뿐이다.

고을 사람들과 함께 좋은 자리에서 즐거운 시간을 보내고 있는데, 알지도 못하는 사람으로 인해 자리를 어지럽힐 수 없었던 것이다. 정사의 기본 자세인 여민동락與民同樂의 마음으로 함께한 자리에 모든 이가 감복하였다.

류승현은 조정에서 시행한 세 번의 공무수행 평가에서 번번이 '순수하고 근실하며 관대하고 후덕함[純謹寬厚]'의 항목에서 최고점을 받았고, 이웃 고을 수령들도 모두 학덕을 겸비한 장자長者의 다스림이라고 추앙하였다. 이렇게 선정을 베풀며 함안의 풍속을 교화시키고 점차 안정시키던 중 불의의 사고가 생겼다. 56세가 되던 해 1735년 여름, 조정으로 향하는 세미선稅米船이 부서진 것이다. 이전에도 비슷한 몇 번의 사고가 있었다. 전례를 감안한 함안군 관리들의 요청도 있었다. 이번 일도 비교적 가벼운 일이니, 만약 율관律官을 꾀하여 돈을 주고 무마하면 본직을 회복하여 돌아올 수 있을 것이라는 방법이었다. 그러나 류승현은 단호히 질책하였다.

죄의 경중은 조정에서 처치하는 것이니, 어찌 힘을 써서 도모할 수 있겠는가. 전례가 있었다고 하지만 나는 그렇게 할 수 없다.

의금부에서는 차례에 따라 피의사실을 추문해야 했고, 소환

되어 먼 길을 떠나야 했다. 압송되어 갈 즈음이었다. 함안의 선비와 백성들이 모두 모여 전송하였는데, 그중 한 노인이 물을 떠와 정중히 올리며 다음과 같이 말하였다.

> 공께서는 물처럼 맑은[淸如水] 분이시니, 감히 술을 드려 누를 끼칠 수 없었습니다.

이 노인의 공경심에서 그 수령의 그 백성임을 알 수 있다. 『논어』의 "남들이 알아주지 않아도 성내지 않으면 또한 군자가 아니겠는가."라는 말이 생각난다. 짐작컨대, 류승현의 성품으로 보면 자신을 알아주는 노인의 말을 듣고 가슴 벅차게 기뻤고, 즐거웠을 것이다. 또한 세상을 떠날 때까지 물처럼 맑아야 한다는 그 노인의 말을 가슴에 새기며 살았을 것이다. 그렇게 책임자로서 자신의 잘못을 인정하였고, 관직에 대한 미련을 과감히 버리면서 고향으로 돌아왔다. 물처럼 맑고 깨끗한 모습이었다. 이후 류승현은 약 8년 동안 침간정에서 표계의 맑은 물소리를 듣고 「정실명」을 되뇌며 보냈을 것이다.

1742년 63세가 되던 해 여름, 장예원판결사掌隷院判決事가 되어 정삼품 당상관에 올랐다. 당시 류승현은 노년에 병까지 얻어 극심한 공무를 감당하기 힘들다고 여겨 상소를 올려 사직을 청하였다. 때마침 1736년 왕세자에 책봉된 장헌세자莊獻世子(사도세자思悼世子)가 처음으로 성균관에 입교하는 가례嘉禮를 행하였는데,

보필한 적이 있는 신하 가운데 참석하지 않은 이들을 잡아와 추문하라는 명이 있었다. 류승현도 그 명단에 포함되었기에 정원政院에서 사직 상소를 받아들이지 않았다. 나명拿命이 하달되지 않았지만 직분이나 의리상 편안하게 물러나 있을 수가 없었기에 마지못해 조정으로 들어갔다. 거듭 사직 상소를 올렸지만 정원政院에서 받아들여지지 않았다. 하는 수 없이 명을 받들게 되었다. 판결사는 공평하고 정대해야 한다. 류승현은 송사가 생기면 공평한 잣대로 처리하면서 권세에는 절대 눌리거나 굽히지 않았다. 또한 모든 일을 즉시 결단했기 때문에 일부러 소송을 미루어 두거나 쌓아 두지 않아서 해당 부서에 사건이 들어오는 것이 없게 되었다. 그러다가 하급관리의 간계에 연루되어 석 달여의 판결사직을 그만두게 된다. 같은 해 겨울, 다시 영해부사에 제수되었다. 당시 영해는 바닷가의 피폐하고 낙후된 고을이었다. 고향과는 겨우 백여 리 떨어진 곳으로 혼인으로 맺은 인척과 사귀던 벗들이 많았다. 그래서 주변에서는 다스리기 어려운 곳임을 알고 관청의 출입을 엄격히 제한하여 빈객의 방문을 사절하기를 요청하기도 하였다. 그러나 그에게는 그런 것이 걱정할 것이 되지 못하였다.

관직에 있으면서 사람을 대하는 것은 나의 심력이 미치는 바에 따라서 대응할 뿐이니, 어찌 난감함을 미리 요량해서 스스로 편리할 계책으로 삼을 수 있겠는가.

업무에 임해서는 공사에 흔들림이 없었고 일처리에는 불화가 없었다. 모든 일에는 관대하고 간결함에 힘썼으며 특히 어부와 염호鹽户가 바치는 공물에 있어서는 오직 관청에서 부득이 받아야만 하는 것 이외에 그 나머지는 모두 돌려주었다. 추석이나 새해를 맞이하는 등 명절이 되면 고을 노인들의 안부는 물론이고 아랫사람들까지 빠짐없이 보살피면서 너그러운 정사를 소신대로 펼쳐 나갔다.

아무리 선정을 베풀어도 사고는 있기 마련이다. 영해부에는 전부터 교활한 아전이 많기로 소문이 나 있었는데, 관청 창고를 자주 도둑질하는 아전 여러 명을 적발하여 법으로 다스린 적이 있었다. 그 과정에서 자신의 죄를 모면하고자 감영에 올리는 인삼을 빼돌리고 달아난 아전이 있었다. 이 일로 인해 그 책임은 류승현에게 돌아갔다. 결국 또 3개월도 채우지 못하고 부사직에서 물러나야 했다. 백성들은 분통해하고 원망하였지만, 류승현은 전혀 개의치 않고 조용히 물러나 침간정에서 2-3년을 보내고 있었다.

1745년 66세 겨울에는 공조참의에 제수되었다. 당시에 감찰이 되어 서울에 있던 아우(류관현)와 한 방에서 생활할 수 있었고, 엄격하게 공사를 구분하면서도 공무가 아니면 잠시도 떨어진 적이 없었다. 그리운 아우를 서울 객지에서, 그것도 조정에서 만났으니 반가움은 말할 수 없었을 것이다. 간간이 시를 주고받으면서 책으로 만들었고, 형제가 침상을 나란히 하였다는 뜻을 담아 낙저연상록洛邸聯床錄이라고 하였다. 아쉽게도 이 기록은 남아 있지 않지만, 형제의 우애를 알 수 있는 대목이다. 공조工曹는 공장工匠을 맡은 부서이다. 이곳에 근무하는 이들은 평소 복장의 장식을 수선하거나 기물을 제조한다. 류승현은 그들에게 자신의 옷과 그릇 등을 사사로이 맡기거나 번거롭게 한 적이 없었다. 그의 청렴한 공직생활을 보여 주는 단면이다. 몇 년 뒤 자리에서 물러날 때에는 가마와 일산[轎傘], 승상繩床(접이식 의자로 윗부분을 노끈으로 얽어 만든 것), 안장 등이 모두 파손되고 해져 있었지만 공조에 맡게 고쳐 가지고 온 것이 하나도 없었다. 이와 같이 공무에는 그 경우에 따라 직분을 다할 뿐이었고, 자신이 늙거나 병들었다는 이유로 사양하거나 마다하지 않았으며, 공물에 대해서는 일절 사사로이 취한 적이 없었다.

천조관薦俎官으로서 동지 대향大享에 참여한 적이 있었다. 짐작하겠지만 한겨울 매서운 추위에도 불구하고 밤새도록 차례를 기다리며 서 있어야 했다. 반열에 있던 여러 사람들은 쉽게 감당하지 못하고 있으면서 번갈아가며 물러나 휴식을 취하였고, 사람을 시켜 등을 받치게도 하였다. 하지만 류승현만은 홀로 공손한 자세로 꼿꼿이 서 있으면서 조금도 발을 기울이거나 기대지 않았다. 대향을 마친 뒤 동료들은 하나같이 칭찬을 하였다.

일흔 가까운 나이에도 이와 같이 할 수 있으니, 그의 정력定力을 알 만하도다.

1746년, 67세의 류승현은 곧 다가올 자신의 마지막 운명을 모르고 있었다. 그의 인품과 덕망을 인정해 온 조정에서는 공조참의에서 풍기군수로 임명하였다. 주변에서는 전관銓官의 태도가 경박하였기 때문에 부임을 만류하였다. 그렇지만 노년의 류승현은 오히려 고향으로 돌아갈 생각이 앞섰을지도 모른다. 풍기는 소백산 죽령 아래 고을로 고향으로 돌아가는 길에 있으니, 장차 자신의 만년 계획에도 편리할 것으로 여겼다. 하지만 류승현에게는 그보다도 더 중요한 신념이 있었다. 바로 관직이란 가려서 선택할 수 있는 것이 아니라는 것이었다. 조정의 명령과 임무에 충실히 자신의 책임을 다해야 한다는 말이다. 지난 해 겨울에 공조참의가 되었으니, 올해 봄여름 사이에 부임하였을 것이다. 퇴계 이황이 풍기군수 재임 시에 풍락정豊樂亭 뒤에 심어 놓은 대나무가 관청 뜰에서 노구의 어진 군수를 기다리고 있었다. '선생의 대나무[先生竹]'라고 불렀지만, 이황이 부임한 이듬해 1549년에 심은 것으로 오랜 세월에 수목에 덮여 자라지 못하고 있었다. 류승현은 선현을 대하는 공경스러운 마음으로 정성껏 가지를 쳐주고 물을 주면서 시를 지었다.

영남에 좋은 산천이 몇 곳이나 있을는지,	山南幾處好山川
소백산 앞 말 통처럼 남아 있는 보금자리.	似斗殘窠小白前
다만 선생이 남기신 향기만이 남은 채로,	秖愛先生遺馥在
몇 떨기 차가운 대나무 해마다 자라나네.	數叢寒竹自年年

퇴계에 대한 추모와 함께 이런 여유도 아주 잠시뿐이었다. 백성들이 기근에 시달리고 있었고, 진정賑政을 늦출 수가 없었다. 부임한 지 열흘 만에 홀로 말을 타고 감영監營으로 달려가 감사와 대면하며 구황救荒의 대책을 보고하고 의논한 뒤 돌아왔다. 돌아오는 길에 조상을 뵙고 싶었다. 그런데 가묘에 배알하고 복귀하는 날 심한 감기에 걸려 버렸다. 노년의 왕래길에 바로 호전되지 못하고 며칠이 지나자 더욱 위독해졌다. 말은 겨우 할 수 있었지만 발음도 흐리고 더듬거리기까지 했다. 그러면서도 백성들의 고통에 마음을 놓을 수가 없어 더욱 정성을 쏟았다. 이때서야 자신에게 남은 시간이 얼마 없다는 것을 짐작하였기에 더욱 조급했을지도 모른다. 공조功曹에 말을 넣기도 하고 백성들에게 발첩發帖하기도 하면서 그들을 구제할 방법을 찾는 데에 온힘을 쏟았다. 노년인데다가 병까지 안고 있지만 백성을 구제하기 위해서는 무슨 수라도 써 보아야 했다.

경상감사를 직접 만나 의논한 구황의 대책으로 구휼할 곡식을 요청하는 문서를 작성해 보고할 준비를 하였다. 일어나 앉지도 못하고 팔은 붓을 들 힘조차 없었지만, 누운 채로 생각한 바를 불러주며 대신 쓰게 하였다. 말뜻이 너무나 간절하였고 차례를 반듯하게 갖추어 준비해 두었다. 눈을 감고 있으면서 미진한 마음이 들었는지 서명[手訣]만을 남겨 둔 채로 말이다. 다음날 아전은 급박한 사정 때문에 함께 있던 아들 류도원이 대신 서명할 수 없는지를 청해 보았다. 이때 류승현이 문득 눈을 떴다.

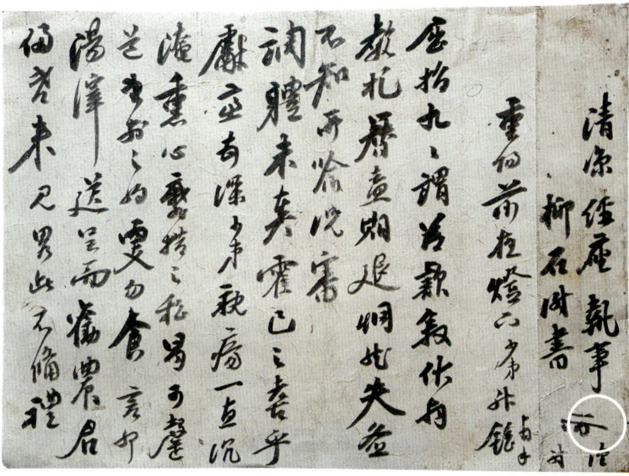

류승현의 수결이 들어간 간찰

서명을 대신해서는 안 된다[代署不可].

자신이 직접 하겠다는 의지를 보였지만, 이 마지막 말과 함께 끝내 눈을 감았다. 이해 윤달 3월 28일이었다. 류승현은 군민을 구휼해야 할 마지막 문서에 서명을 하지 못하고, 67년을 살고 그렇게 떠났다. 류도원은 차마 말로 할 수 없는 참담함을 안았지만, 아버지의 마지막 공무를 대신이라도 완수해야만 했다. 풍기군수 아버지의 서명이 없는 문서를 들고 감영에 보고한 뒤 아버지를 모시려 하였다. 보고를 받은 감사는 두 부자의 가상한 사정을 알고 감동하였고, 원래 요청한 양에 70석을 더해 구휼미를 보내 주었다. 고을 사람 모두가 눈물을 흘리며 그 은혜에 감사하며 애도하였다.

> 우리 군수께서 마지막으로 남겨 주신 은혜입니다.

류도원은 아버지의 마지막 공무를 대신 완수하고 돌아온 뒤 약 열흘이 지난 4월 8일 시신을 고향으로 운구해 올 수 있었다. 이후 9월 1일 장사 지내고 훗날 어머니 광산김씨 부인과 함께 모셨다. 당시 풍기 군민들이 전례에 따라 부의를 모아 전하자, 눈물을 흘리며 한 푼도 받지 않고 되돌려 보냈다. 아버지의 유지를 받들고자 한 것이었다.

> 아버님께서 높은 관직에 계실 동안에도 한 푼의 돈이라도 받아 스스로 허물을 만든 적이 없었습니다. 하물며 지금 부임한 지 얼마 되지도 않아 백성들에게 덕을 베풀지도 못하였는데 어찌 그들의 돈을 받을 수 있겠습니까.

마지막으로, 류도원이 아버지의 삶을 기록하면서 어느 비복이 류승현의 상례에 문상한 일을 기록한 것이 있다. 당시의 제도에 따라 류승현은 비복 한 명을 데리고 오면서 세 꾸러미의 돈을 썼다. 그 비복이 문득 살림이 넉넉해져 스스로 갚으려 하면서 몇 배의 돈을 주었던 모양이다. 하지만 류승현은 그 마음을 헤아려 마지못하고, 단지 일곱 꾸러미만 받고 돌려주었다.

몇 년 사이에 내가 쓴 돈의 두 배를 받으면 그걸로 충분하다.

비복은 한없이 그 은덕에 감사하였고, 류승현의 장례에 찾아와 면발치에서 상복을 입고 슬픔의 마음을 다하였다고 한다.

2) 청렴근신淸廉勤愼 공평무사公平無私

류승현은 성품이 순각醇慤하였고 품은 마음이 고결高潔하였으며, 거동과 모습은 엄정하면서도 속마음은 화락하였고 밖으로는 도량이 넓으면서도 안으로는 자신을 굳게 지켜냈다. 평소에 조용하게 말없이 지내면서 쓸데없는 말하기를 좋아하지 않았고, 의리義利를 판단함에는 명백하고 합당하였다. 혹 호기롭게 강변하며 시끄럽게 다투면서 자신의 의견을 굽히지 않는 이가 있으면 그런 모습을 다 받아들이면서도 천천히 한마디 말로 꺾었는데, 반드시 반감이 없도록 하였다. 무릇 사건이나 변고가 생겨 이해득실의 기미에 있어서 사람들이 현혹되는 것이 있으면, 이치에 따라 곧바로 판단해 주었다. 또 평생 동안 그의 밥상에는 좋은 음식과 반찬거리가 없었고, 관직에 있을 때에는 의복과 관대 및 타고 다녔던 말까지도 특별히 꾸미지 않아 한사寒士의 모습이었다. 혹시라도 화려한 옷을 입은 자제들이 있으면 눈살을 찌푸리면서 즐겁게 여기지 않았다. 세상의 유희에는 더욱 무관심하여 특별히 예를 갖추어야 할 경우가 아니면 술을 마시지 않았고 시끄러운 음악은 듣기를 좋아하지 않았다. 또 담박한 자세로 세속분화世俗紛華의 풍습을 떨치려고 하였고, 재물과 이익 앞에서는 욕심 없이 더욱 담담한 자세를 견지하였다. 나라에서 받는 봉급 외에는 추호의 것이라도 일절 사사로이 취하지 않았다. 혹 자신을 따라 함께 생활한 집안사람들도 단 1전의 돈이라도 함부로 쓰지 못하도록 철저히 단속하였다. 자제들이 장도藏刀를 마련하거나 신 같은 것을 마련하자고 요청하면 번번이 허락하지 않았다.

> 나는 나라의 은혜를 입어서 봉록을 받는 것이다. 너희들은 부형의 덕택으로 입에 풀칠하는 것만으로도 족할 것이다. 어찌 이와 같은 자잘한 물건에 마음을 번거롭게 할 수 있겠느냐!

이와 같이 류승현의 삶의 철칙의 하나가 검약儉約이었다. 아울러 정약용이 『목민심서』에서 그 아우 류관현의 선정을 평가하면서도 검약이라는 덕목을 들었다. 이를 보면 검약은 삼가정 정신에 이어 두 형제에게 평생 동안 몸에 밴 정신이었고, 후대에까지 면면히 이어진 가풍의 한 모습이라 하겠다. 류승현은 숙종조에 40세의 비교적 늦은 나이로 문과에 급제하였고, 영조조까지 여러 내직을 역임하였고, 세상을 떠날 때까지 지방의 목민관으로서 삶을 마쳤다. 그의 관료생활의 원칙을 한마디로 말한다면, 바로 청렴근신清廉勤愼과 공평무사公平無私이다. 이는 철저한 검약의 정신에서 나온 것인데, 공사의 구분에서는 더욱 엄격하였다. 이는 물질에 대한 검약뿐만 아니라 정신에 대한 검약이 어우러진 데에서 드러날 수 있는 것이다. 사욕을 제거하는 것, 이것이 바로 청백리의 전형을 일컫는 말이 아니겠는가. 엄정한 잣대로 가늠해 보더라도, 공직에서 그의 청렴근신의 원칙은 지독하다고 해도 과언이 아닐 듯하다.

류승현은 20년간 출사하는 동안 여러 지방을 맡아 다스렸다. 그런데도 집안에는 사사로이 챙긴 좋은 물건이 하나도 없었고, 항상 가난하였지만 검약한 생활로 포의布衣 시절과 별반 다를 것이 없었다. 그래서 사람들이 청렴결백한 자세를 자주 칭찬하기도 하였지만, 류승현은 웃으면서 이렇게 말했다.

> 실제로 나는 청렴결백한 사람이 아닙니다. 임명된 자리가 모두 박봉의 관직이기 때문이었고, 제가 청렴한 덕을 지녀서 그런 것이 아닙니다.

누가 읽어 보아도 겸손한 표현이다. 박봉이기에 오히려 욕심이 날 만하다. 미안한 이야기이지만, 요즈음 도덕적 기준과 잣대가 제대로 적용되지 않는 현실에 수많은 부정과 비리를 저지르고 횡령과 뇌물이 오고가는 작태를 본다. 스스로 만족하지 못하는 봉급 때문에 드러나지 않는 더 많은 일들도 있을 것이다. 그래서 그의 말은 박봉이라도 만족할 줄 알아야 하고 공사를 엄격히 구분하여 공무에 있어서는 결코 누를 끼칠 수 없다는 것을 대신 말하고 있다.

함안군수 시절 시험을 관장한 적이 있었다. 평소 잘 알고 지내던 이들의 청탁이 끊이질 않았고, 특별한 부탁을 받기도 하였다.

> 만난 뒤에 그들의 청을 들어준다면 내가 사적으로 행한 것이 되고, 물리친다면 저들이 곱게 보지 않을 것이니 차라리 만나지 않는 것만 못하다.

이런 말도 남겼다.

> 세속에서 이른바 선치자善治者란 원수와 같이 아전을 단속하면서 항상 잘못이 없는 가운데에서 잘못을 찾아 만들어낸다[於無過中 求有過]. 나는 그것이 옳은 것인지 모르겠다. 무릇 아전도 사람인데, 어찌 미리 백성에게 해가 되리라 근심하면서 가혹하게 대우하여 나의 성정이 먼저 그 공평함을 잃게 할 수 있겠는가. 오직 마땅히 일에 따라 검열하고 감찰하여 죄가 있으면 사면하지 말아야 할 뿐이다.

또,

> 오늘날 고을을 다스리는 자는 모두 염탐하여 얽어매고 겁주기를 잘하여 백성들이 숨기거나 말을 하지 않고 반드시 그들의 마음을 다 드러낼 수 없고 서로 눈을 부릅뜨고 쳐다보게 된다. 이와 같은 이들이 한 가지 일을 하루에 다스릴 수 있어서 진실로 효과가 없다고는 할 수 없다. 하지만 끝내 홍대경원弘大經遠의 방도는 아니다.

법을 집행함에는 지극히 공평하고 사사로움이 없었다. 예나 지금이나 중앙이든 지방이든 공직생활 중에 크고 작은 청탁이 끊이지 않는다는 것은 말을 하지 않더라도 짐작할 수 있다. 높은 자리는 더 그렇고 권력이 많으면 자신의 의지와 상관없이 그런 유혹을 더더욱 피해 가기 어려운 것도 사실이다. 어쩌면 그들의 인지상정이자 생리일 수도 있기에 공정한 법 집행은 결코 쉽지 않은 일이다.

목민관으로 역임하였던 고을에서는 고을 자제들을 대우함에 빈우賓友와 같이 하였고, 비록 무부武夫와 일꾼들이라 하더라도 함부로 대하거나 경시한 적이 없었다. 상사上使가 부하장교를 파견해 보내오면 그들과 대등한 예를 행하더라도 부끄럽게 여기지 않았다. 주변에서 혹 수치스럽게 여겨 징계를 요구하더라도 류승현은 웃음으로 넘겼다.

이런다고 나에게 무슨 손해가 되었는가[是於我何損].

류승현은 이미 미관말직에 있을 때부터 줄곧 만족함을 알고 분수를 편안하게 여기는 안분지족의 마음을 잃어버린 적이 없었다. 만년이 되어서야 명성과 지위가 조금 드러났다. 명망 있는 요인들과 선비들이 그와의 사귐을 바라면서 예를 갖추어 가끔 찾기도 하였지만 그들과 왕래하는 것을 삼가며 출입한 적이 없었다. 예를 들면, 판서 원경하元景夏(1698–1761)가 막 이조참판이 되었을 때, 류승현의 명성을 사모하면서 여러 번 만나보고 싶은 마음을 전해 왔다. 류승현은 끝내 만나지 않았고, 이를 계기로 원경하는 더욱 높은 자리에 올라갈 수 있었다.

류승현은 벼슬에 제수될 때마다 구차한 변명으로 사양하려고만 하지 않았고 부득이 나아가기도 하였지만 진정으로 즐겁게 받아들인 것은 아니었다. 1735년 을묘년 윤4월 아우 류관현과 족질 류정원이 증광시에 동방 급제할 때, 류승현은 함안군수로 있었기에 한 가문 안에 얻은 영광이 지나치게 성대한 것을 걱정하면서 불안한 마음을 감출 수가 없었다. 이 불안한 마음을 안고 지은 시가 있다.

관아에 앉아 아침부터 저녁까지 장부서류 정리하는데,	鈴齋日晏簿書塡
아우성치는 소리에 누가 좋은 소식 전하려 하는 듯.	胡叫誰將吉語傳
급제자 방 붙은 명단 속에 내 아우 이름도 있었고,	龍榜姓名吾弟是
과거 급제의 보무를 가까운 친척까지 나란히 내딛네.	蟾宮步武至親聯
화산의 다섯 봉황 어찌나 성대하게 날아오르는지,	花山五鳳飛何盛
비 내리는 골짜기 외로운 난초 색이 더욱 선명하네.	雨谷孤蘭色更鮮
가문의 운수 또한 나라의 태평한 운수와 통했지만,	家運亦通邦運泰
도리어 두려운 마음이 기쁜 마음 가에 일어나네.	懼心還起喜心邊

한편 류관현이 급제한 뒤 10년 동안 관직에 등용되지 못하고 있었기에 사람들이 간혹 좋은 일이 있을 것이라고 위로하기도 하였다. 그러나 갑작스럽게 찾아온 성대한 가문의 경사에 류승현의 생각은 달랐다.

내가 이미 당상관의 자리에 올랐고, 나의 아우가 또한 급제하여 명성을 얻었으며 또한 여러 아들의 의식이 절로 충분해졌으니, 세상에 어찌 이보다 원만한 일이 있겠는가. 과거에 응시하는 여러 자제들은 오직 분수에 따라 나아가고 물러나며 반드시 결과를 얻고자 해서는 안 되니, 항상 분수를 다 채울 수 없는 사람이 많다는 것을 생각하면서 망령되이 바라는 바가 있다면 이것이 큰 불행이니라.

정녕 후손들을 위한 경계였다. 이처럼 벼슬에 연연하지 않는 자세를 견지하면서 재앙과 복록은 무상한 것이고, 내쳐지고 등용되는 것은 분수에 따르고 운수가 있다는 말에 엄중한 경계를 하지 않은 적이 없었다.

류승현은 여러 관직을 역임하면서도 항상 고향 산천으로 물러나 자적하며 살아가기를 원하였다. 송나라 유개지劉改之(유과劉過)의 시 가운데 "한 걸음 물러섬이 안락을 누리는 방법이요[退一步行安樂法]."라는 시구를 좋아하여 춘첩春帖으로 만들어 걸어 두고 그 뜻을 되뇌었다. 이 시는 송나라의 진덕수眞德秀가 특별히 좋아한 시로 알려져 있는데, 나대경羅大經이 『학림옥로鶴林玉露』에서 한 품평을 읽어보고 그 의미를 되새겨 보지 않을 수 없다.

옛사람은 곧은 길[直道]로 행하였으니, 이치가 있는 곳에는 한눈 팔지 않고 곧장 행하였다. 그리하여 떠나고 벼슬하고 그만두고 오래 있고 빨리 가는 것이 모두 그렇지 않은 것이 없었으니, 어찌 이른바 한 발자국을 물러섬이 있었겠는가. 후세로 내려오면서부터 부귀영화를 탐하고 승진을 다투며 한 계단 반 등급을 다투다가 사람을 죽이는 데까지 이르니, 이때에 와서야 비로소 한 걸음 물러서서 가는 것을 안락한 방법으로 삼게 된 것이다.

이와 같이 류승현은 공명을 좇고 부귀영화를 탐하며 다투는 세태를 벗어나 한 걸음 물러섬이 안락을 누리는 방법임을 알고 있었다. 또 옥을 높이 차고도 도롱이와 삿갓을 잊지 않는다[古人軒冕 不忘蓑笠]는 말을 새기면서 세속의 때를 벗고 홀로 산림으로 훌쩍 떠나고자 하는 소원을 가지고 있었다. 옥을 차면서도 도롱이와 삿갓을 잊지 않는다는 말은, 지위가 높으면 의도하지 않아도 교만해지고 녹봉이 많으면 의도하지 않아도 사치해지기 때문에 애초에 지녔던 초심을 잊지 않겠다는 뜻이다. 나아가 종을 울리며 큰솥을 걸어 놓고 좋은 밥을 먹으면서도 한 바구니의 밥과 한 표주박의 물을 잊지 않는 군자의 삶을 추구한다는 말이다. 류승현이 바라던 것이 바로 이런 삶이었고, 때때로 그런 여유도 있었다. 그렇지만 그런 여유에서도 한시라도 나라의 실정을 듣거나 백성들의 고통을 보면 마음을 쓰지 않은 적이 없었다.

류승현의 게으른 늙은이의 움집, 용와慵窩라는 의미에는 두보와 소동파의 삶을 희구하는 뜻이 있다. 그는 출사해서는 나라와 백성들을 위해 선정을 베풀었고 은퇴해서는 용와라는 작은 집을 지어 놓고 청빈한 삶을 살아간 인물이다. 그의 삶은 오늘날 공직 관료로서 추구해야 할 출처진퇴出處進退의 모습이 어떠해야 하는지를 단적으로 보여 주고 있다.

게으른 늙은이,
게으름을 승화시키다

3 충군과 의리의 선봉에 서서

3년의 예조정랑 직을 마치고 고향에 있던 류승현은, 1726년 용강현령에 제수되어 명을 받들었다. 그런데 도성에 막 들어가기도 전에 전 현령이 그대로 유임되었다는 소식을 듣고 말고삐를 돌렸다.

짐 보따리 초라하게 말 위에 오르니,	行李蕭然一馬裝
태수가 되어 용강으로 간다고들 하네.	人言太守去龍岡
관직 명성 득실이 참으로 웃음이 나,	官名得失眞堪笑
옛 모습 그대로 돌아오는 류 정랑일세.	依舊歸來柳正郎

이렇게 고된 말 위에서 자소自笑하며 고향으로 내려왔다. 그렇게

또 표계의 물소리를 들으며 삼베옷을 입고 초야에 몸을 맡기고 있었다.

1728년 무신년! 조정은 위급했다. 영조의 즉위와 함께 소론 강경파의 정권 탈환 모의가 있었다. 영조가 즉위한 지 4년 뒤, 무신난이 일어났다. 왕위 계승 문제로 인해 벌어진 붕당의 정쟁에서 비롯된 갈등이 원인이었다. 숙종 말기부터 싹튼 세자 대리청정과 세제世弟 책봉 논란, 경종 독살설 및 영조의 왕위 계승 정당성 시비 등이 빌미가 되어 결국 반란의 성격으로 드러난 것이 3월 15일이었다. 청주에서 일어난 역변의 소식이 17일 안동에 전해졌다. 안동에서는 의병을 창의하여 향교에 군문을 설치하고 병자년 호란에 창의할 때 썼던 깃발을 높이 걸어 진영을 꾸렸다. 의병대장으로 추대된 류승현은 이날 밤 곧바로 안동 사림에 격문을 보냈다.

의병장이 눈물을 닦으며 진유陳諭함

아! 어느 시대에 난신적자가 없었겠는가마는 어찌 흉악한 역적의 씨가 우리 영남 가까이 나타나 국가가 배양해 준 은택을 저버리고 남쪽 지방에 씻기 어려운 치욕을 끼치리라 생각했겠는가! 이 역적을 궤멸하지 않는다면 영남은 더 이상 영남일 수 없고, 이 역적을 죽이지 않는다면 영남 사람으로 살아갈 수 없으리라. 무릇 우리 칠십 고을의 선비들이 어찌 팔짱을 끼고 좌시하며 그들의 살을 먹고 그들의 가죽을 덮고 자기를 생각지 않을 수 있겠는가. 저 임진년 왜란이 적국의 외환이었는데도 영남 의병의 힘을 입어 나라를 재건하는 공적을 이루는 데에 도움이 되었도다. 오늘날 영남의 치욕은 왜구의 전란 때보다 열 배나 되니, 오늘날 영남 사람으로서 이 역적들을 마음 내키는 대로 내버려 둔다면 장차 무슨 면목으로 지하에서 임진년 때 선

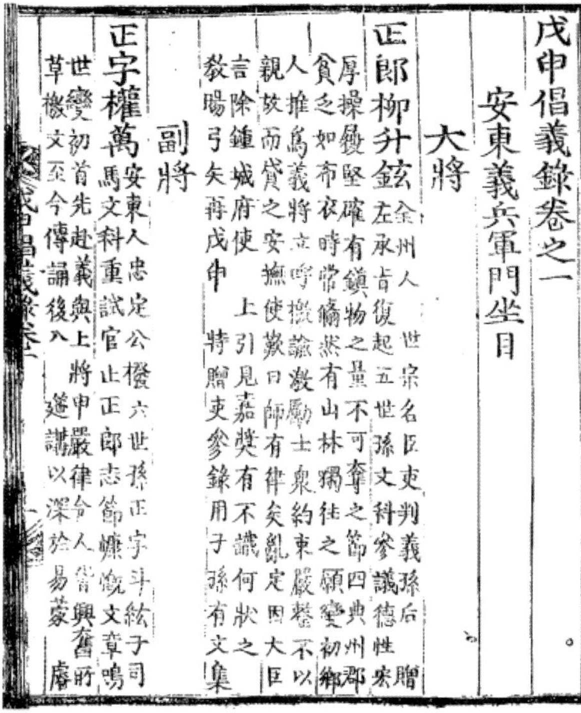

戊申倡義錄卷之一

安東義兵軍門坐目

大將

正郎柳升鉉 全州人 世宗名臣吏判義孫后 左承旨復起五世孫文科參議德性 贈 厚操履堅確有鎮物之量不可奪之節四典州郡 貧乏如布衣時常脩然有山林獨往之願變初鄕 人推為義將立幟諭激勵士衆約束嚴整不以 親故而貸之安撫使歎曰師有律矣亂定因大臣 言除鍾城府使 上引見嘉獎有不識何狀之 教賜弓矢再戊申 特贈吏參錄用子孫有文集

副將

正字權萬 安東人忠定公橃六世孫正字斗紘子司 馬文科重試官止正郎志節嫌慨文章鳴 世變初首先赴義與上將申嚴律令人皆興奮所 草檄文至今傳誦後入 筵講以深於易蒙 廬

『무신창의록戊申倡義錄』 목판본

배들의 얼굴을 볼 수 있겠는가. 지금 들으니, 안성安城과 죽산竹山의 역적이 차례대로 목을 내놓았지만 잔적 한 무리가 거창居昌과 안음安陰 사이에서 날뛰고 있다. 영남의 큰 네 고을에 이미 대병이 이르렀다고 하니, 진실로 잔당의 우두머리들이 하루도 못 가 소탕되리라는 것을 알 수 있도다. 하지만 의병을 일으켜 분한을 시원스럽게 푸는 데에는 실로 우리가 그만두려 하여도 할 수가 없는 바이니, 어찌 관군만을 믿고 물러나 앉아 편안히 자면서 함께 종사하지 않을 수 있겠는가.

나는 매우 용렬하고 우둔한 사람일 뿐이다. 외람되이 여러분의 추대를 받아 주장主將의 임무를 맡게 되었지만, 무거운 책임을 감당하지 못하고 여러분들의 수치가 될까 매우 두렵도다. 이는 여러분들이 맡긴 것이 아닌가. 오직 바라건대, 여러분들이 진동하고 분발하여 길이 한결같은 마음을 변치 말며 무예를 가진 이는 무예를 보이고 지혜를 갖춘 이는 그 지혜를 다하여 혹 활과 화살을 잡아 대오를 편성하고 혹 재물과 곡식을 출연해서 군량에 보탬을 주어 관군과 협력하여 적을 토벌해서 의리의 함성을 떨치고 큰 치욕을 씻어서 우리 임금께서 남쪽을 돌아보는 걱정을 풀어 드릴 수 있게 된다면 우리 영남이 거의 후세에 할 말이 있을 것이다. 그 조목과 기율은 옆에 기록하여 약속을 정했으니, 어기는 이는 규율에 따를 것이다. 여러분은 힘쓸지어다.

류승현의 격문이 안동 사림에 다다르자 선비들은 바람처럼 일어났고, 부서 휘하들도 창의의 약속을 엄격하게 지켰다. 그런데 진사 김달용金達龍이 모병도감募兵都監으로서 소임을 소홀히 하고 또한 부장副將 권만權萬에게 항명하는 등 불손한 모습을 보였다. 류승현은 향교 뜰 아래에서 군법을 적용하여 다스리려 하였다. 김달용이 갓을 벗고 사죄하면서 한참 만에 일은 일단락되었다. 김달용은 류승현의 평소 벗이었지만 성품이 뻣뻣하고 강한 편이었다. 그런데도 류승현의 엄정함을 당연하게 받아들였다. 이를 계기로 군영은 숙연해지고 감히 함부로 행동하거나 명령을 어기는 이가 없게 되었다. 안무사安撫使 박사수朴師洙는 군문에 들어서 의진의 광경을 살펴본 뒤, 그 성대한 규모에 감탄을 금치 못하였다. 또 호소사 조덕린도 "검은 먹지로 머리를 싸매고 바지자

락을 찢어 몸을 싸며 주먹을 불끈 쥐고 죽기를 각오하니, 어찌 늠름하고 씩씩하지 않겠는가."라고 하며, 당시의 장엄한 모습에 감탄하였다. 의분에 찬 창의였고, 출병을 앞두고 있었지만, 이내 관군이 적을 무찔렀다는 소식이 들려 의병을 해산해야만 하였다. 그러나 류승현은 경계를 풀지 않았고, 예안 의병장 이익경李益卿에게 편지를 보내 성급히 경계를 풀지 말 것을 당부하기도 하였다.

저는 외람되이 고을의 추대를 받아 주장主將의 책임을 맡았는데, 모기에게 태산을 짊어지게 하는 것처럼 감당할 수 없음을 분명히 알고 있습니다. 그렇지만 충의가 격발하여 당돌하게 자임하게 되었고, 이제 군진을 갖추고 군량을 마련하여 날짜를 정해 남쪽으로 내려가려고 하였습니다. 막 듣자니, 적들이 궤멸되고 흩어졌다고 하는데 매우 다행스럽고 다행스럽습니다. 다만 영남 사람의 칼날을 떨쳐서 이 흉악한 적을 남김없이 모조리 섬멸할 수 없다는 것이 한스럽습니다. 관군이 엄중한 경계를 이미 풀었다면 의병도 마땅히 여기서 끝내고 멈추어야 하겠지만, 출몰하는 잔당으로 인해 실로 완전히 걱정을 풀기 어렵습니다. 어찌 경솔하게 먼저 해산하고 돌아갈 수 있겠습니까. 또한 이번 의거는 이미 조정에 알려졌으니 더욱 임의로 군진을 파할 수 없고, 마땅히 안무사에게 품의하여 최종 결정을 해야 할 것입니다. 예안 의진도 응당 동의할 것입니다.

의병 해산에 즈음하여 뒤늦게 참여한 한 선비는 "관군이 신속하게 흉악한 무리를 소탕하였으니 진실로 나라와 백성들의 경사이지만, 단지 하루만이라도 류 공의 군진에 쓰이지 못한 것이 한스럽도다."라고 하며 안타까움을 드러내기도 하였다.

무신년 영남 창의에 백의로 선봉장이 된 류승현의 기백은 당시에 참여했던 다른 이들과 함께 조정에 알려졌다.『조선왕조실록』에는 1728년 무신년 영남 창의와 관련하여 세 건의 기록이 실려 있다. 먼저 안무사 박사수의 장계가 조정에 보고되어 당시의 활약상이 알려졌다. 이때는 류승현이 사헌부 장령이 되었다가 체직되고 4월 초에 통정대부에 오르면서 종부시정이 되었을 때이다. 이해 3월 17일을 전후하여 창의하였으니, 거의 곧바로 조정에 알려지고 공로에 대한 논의가 있었다. 공로를 인정받아 5월 초2일 종성부사에 제수되었고 약 석 달여 뒤 7월에 드디어 영조가 친견하였다. 부임지로 떠나기 전에 특별히 대기시키고 만나고자 한 것이었다. 영조는 이 자리에서 의병을 거병하였던 상황을 직접 물어보았고, 얼굴을 한 번 보고 싶었다는 말로 위로하였다. 류승현도 영조를 직접 알현하였던 당시의 영광을「기유년 연설[己酉筵說]」에 기록해 두었다. 대체적인 내용은 비슷한데, 류승현의 마음을 알 수 있어 옮겨 본다. 영조를 알현한 시간은 음력 7월 20일 사시巳時(9-11시)로 이른 시간이었다. 약방藥房이 입시할 때 함께 들어갔다고 하였다. 당시에 영조는 영남에 대한 의심과 걱정을 하지 않을 수 없었다. 하지만 영남의 덕분으로 조정이 위안을 얻었다는 영조의 치하를 듣고 해동추로의 영남 사람으로서 창의할 수밖에 없었던 당연한 명분을 답하였다. 거듭 치하를 받으면서도 류승현은 영남에 대한 영조의 의심을 다 풀지 못한 후회에 쌓이기도 하였다.

> 이날 무더위에 찔 듯이 덥고 답답하여 땀이 비 오듯이 쏟아져 내렸다. 노둔한 자질에 어눌한 말솜씨 때문에 영남이 무고를 당한 상황을 거듭 개진할 수 없었지만, 남은 회한이 아직도 또렷하여 가시질 않도다.

알현을 마치고 임지로 떠났다. 그리고 마지막 임지인 풍기에서 류승현이 세상을 떠난 뒤 60년이 흘러 다시 무신년이 되었다. 그 60년 동안 사색당쟁의 혼란한 정국 속에서 이른바 영남 남인에 대한 조정의 대우는 상대적으로 좋지 못하였다. 영조를 알현할 당시에 류승현의 회한이 현실로 다가온 것이다.

1776년 정조의 즉위와 함께 차츰 영남에 대한 인식이 달라졌다. 1728년 무신년 창의에 대한 포상이 논의되었다. 당시 우의정 채제공이 판부사 이재협李在協의 말을 빌려 류승현 등에 대한 포상과 녹공을 청하였다. 이는 1752년부터 1910년까지 국왕의 동정과 국정을 기록한 정부의 공식 기록인 『일성록』에도 기록되어 있다.

1788년 무신년, 정조는 특별히 가선대부 이조참판 겸 동지경연의금부사 홍문관제학 동지춘추관성균관사 오위도총부부총관嘉善大夫 吏曹參判 兼同知經筵義禁府事 弘文館提學 同知春秋館成均館事 五衛都摠府副摠管으로 품계를 올리고 추증하였다. 그리고 류승현의 아들 류도원을 보고 싶어 하면서 등용시키라는 명을 내린다. 정조의 이와 같은 하교로, 사옹원 봉사로 있던 류도원은 1788년 6월 20일 명릉참봉에 제수되고 첨지중추부사의 품계에 오른다.

채제공은 후세에 영원히 남을 류승현의 묘갈명을 짓는다. 그

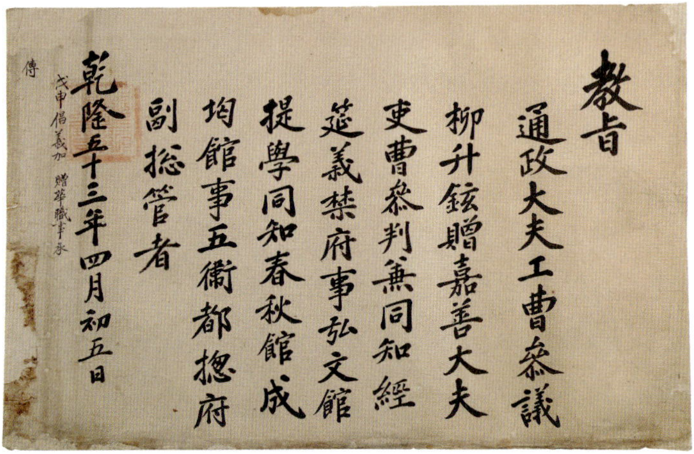

教旨
通政大夫工曹叅議
柳升鉉贈嘉善大夫
吏曹叅判兼同知經
筵義禁府事弘文館
提學同知春秋館成
均館事五衛都摠府
副摠管者
乾隆五十三年四月初五日

용와 류승현 추증교지

런데 묘갈명을 지을 무렵 그의 관직을 참고해 보면, 규장각 제학으로서 1776년 무렵 1차 완성하였고 이때는 삼산 류정원의 부탁을 받은 것으로 보인다. 그리고 1793년 영의정이 되었을 때 추기한 내용이 있는데, 이는 류승현에게 증직이 내려진 1788년 4월 5일에 주변 대신들과 함께 들었던 내용을 기록한 것이다. 채제공은 다음과 같이 새겼다.

때가 위급하면 자신은 잊은 채 나라 걱정뿐이었고,	時危則國耳忘身
때가 태평하면 없는 듯이 자신을 거두어 들였도다.	時平則斂之若無
나는 나의 본분을 다할 뿐이었으니,	吾以盡吾分爾
쓰이고 안 쓰이고는 나에게 무슨 상관 있으랴.	用不用何關於吾

보잘것없는 박봉에도	薄施塵糠
공수가 되고 황패가 되었네.	爲龔爲黃
여기에서 이 사람을 알 수 있지 않겠는가!	斯可以了斯人邪
세도를 위해 개탄하고 상심하지 않을 수 없도다.	不能不爲世道慨傷

류승현이 백의의 신분으로 나라의 위급함에 떨쳐 일어나고, 나라가 태평할 때는 자신을 수렴하여 득실에 초연하였던 모습을 함축적으로 드러내었다. 그 목민관으로서의 모습에 대해서는 공수龔遂와 황패黃霸에 비유하였는데, 이 말은 한나라 때 발해태수渤海太守 공수와 영천태수潁川太守 황패처럼 지방 장관으로 선정을 베풀어 치민의 모범이 되었다는 뜻이다. 그리고 정조의 명이 내려진 날에 들었던 사실을 묘갈명에 추기하면서 마지막으로 류승현 부자를 위해 말하였다.

> 아! 공의 위상이 대개 그 쌓은 덕에 충분하지 않았을 뿐이었도다. 공이 세상을 떠난 지 40여 년이 지나서야 특별히 아경亞卿의 반열에 오르고 은혜와 영광이 후손에게 미쳤으니, 이것이 어찌 우연히 그렇게 된 것이겠는가.

류도원은 정조의 『어제표충윤음御製表忠綸音』에 실려 있는 어제시御製詩에 화운하여 당시의 영광스러운 감격을 노래하기도 하였다. 이 윤음은 이인좌의 난이 일어난 지 60년이 지난 1788년 2월 1일에 당시 난 평정에 기여한 공신들을 기리면서 백관의 충심을 권면한 것이다. 이날 정조는 당시 공신들의 자손을 불러 만나면서 술과 음식을 내렸고, 또 직접 시를 지어 옛날 공로에 대해 감사하고자 하는 뜻을 보였다고 기록되어 있다. 류도원의 화운시 「복갱 표충윤음 어제시伏賡表忠綸音 御製詩」는 그의 문집에 실려 있다. 그리고 같은 해 5월 22일, 제문을 지어 아버지의 영전에 분황고유를 마쳤고, 그 의절을 덧붙여 기록해 두기도 하였다.

용와 류승현 연표

연도	나이	주요 행력
1680	1	11월 12일, 출생하다
1687	8	배움에 나아가다
		이후 아버지를 따라 위동渭洞 벽지에서 10여 년 동안 학문에 전념하며 과거시험을 준비하다
1709	30	아버지 류봉시의 상을 당하고, 3년상을 마치다
1716	37	어머니 광산김씨의 상을 당하고, 3년상을 마치다
1719	40	증광시 문과에 급제하다
1720	41	여름, 경종이 즉위하다
1721	42	봄, 성균관 학유學諭가 되었다가 학록박사學錄博士가 되다
1722	43	4월 양현고 직장, 7월 가주서, 8월 박사가 되다
1723	44	전적이 되고 예조좌랑으로 옮겼다가 8월 부호군, 10월 겸춘추, 12월 예조정랑이 되다
1724	45	서울에 있은 지 몇 년 만에 고향으로 돌아오다. 살던 집 남쪽 표곡瓢谷에 집을 지어 용와慵窩로 명명하고, 자호를 용수慵叟라고 하다
1725	46	경종이 승하하고 영조가 즉위하다
		침간정을 신축하다
1726	47	겨울, 용강현령龍岡縣令에 제수되어 명을 받들고 상경 도중 전 현령의 연임으로 돌아오며 의연히 시를 짓다
1728	49	봄에 정희량·이인좌의 난이 일어나자 창의하고 의병대장으로 추대되어, 향교에 군영을 설치한 뒤 격문을 지어 효유하다
1729	50	2월, 병조정랑이 되고 얼마 후 사헌부 장령에 제수되었다가 체직되다
		4월, 종부시정宗簿寺正이 되면서 통정대부에 오르고, 종성부사鍾城府使에 제수되다. 이때 왕의 부름을 받고 처음으로 알현하고 부임하여 선정을 베풀다. 이때 「북관일기北關日記」를 쓰다
1730	51	여름, 종성부사를 그만두다
		12월, 부인상을 당하다
1731	52	2월, 부호군이 되다
1733	54	여름에 함안군수가 되어 풍속을 교화시키고 선정을 베풀다
1735	56	여름에 세미선稅米船이 전복된 일로 인해 파직되어 고향으로 돌아오다
1738	59	선친(류봉시)의 가장을 완성하다
1742	63	여름에 장예원판결사掌隷院判決事에 임명되자 노병 등의 이유로 여러 차례 사직 상소를 올렸으나 끝내 받아들여지지 않아 부임하여 몇 개월 동안 일을 처리하다
		겨울에 영해부사寧海府使가 되다
1745	66	겨울에 공조참의가 되다
1746	67	2월에 외직으로 풍기군수로 옮기다
		윤3월 28일, 풍기 임소에서 67세의 일기로 세상을 떠나다
		4월 8일, 장남 류도원이 본가로 운구하다
		9월 1일, 안동부 동쪽 침곡砧谷에 장사 지내다
1788	•	정조 무신년 4월, 특별히 가선대부 이조참판 겸동지경연의금부사 홍문관제학 동지춘추관성균관사 오위도총부부총관嘉善大夫 吏曹參判 兼同知經筵義禁府事 弘文館提學 同知春秋館成均館事 五衛都摠府副摠管에 추증되다

제4장

침간정
정신을
이어서

침간정
정신을 이어서

1 화목의 상징 삼체당三棣堂

상화하목上和下睦이라는 말도 있듯이, 인간관계에서 화목보다 좋은 것이 없다. 친목과 우애를 중시하는 친족과 가족 간에는 두말 할 나위가 없다. 누구나 다 아는 가화만사성이란 말을 굳이 꺼내지 않더라도 화목은 인간관계에서 최고의 덕목 가운데 하나이다.

인간 세상 화목한 기운이 모두 공의 집안에 있도다[人間和氣 盡在公家].

영남 유림에서 소퇴계小退溪로 일컬어지는 대산大山 이상정李象靖이 생전에 전주류씨 수곡파 중 표곡(박실)의 벗들을 방문하고 이틀 밤을 머물면서 한 말이다. 범위를 좁혀 보면, 여기서 공의 집안은 바로 류승현·류관현 형제와 류관현의 세 아들 범계范溪 류통원柳通源·노애蘆厓 류도원柳道源·동암東巖 류장원柳長源 등의 한 집안을 가리킨다. 뒤에 류도원이 백부 류승현의 후사를 이었고, 류장원은 출계하여 수곡파 최초로 문과에 급제하고 여주목사를 지낸 류정휘(牧使公派)의 증손자로 대를 이었다.

류관현이 세상을 떠난 1764년, 장남 류통원은 대평(한들)에서 다시 표곡으로 이거한다. 표곡 시냇가의 침간정 상류에 정자를 짓고, 벽에 『시경』「소아」의 〈상체常棣〉 시 가운데 "상체의 화려함이여 꽃받침이 화사하지 않은가, 무릇 지금 사람들은 형제만한 이가 없도다."라는 구절의 뜻을 인용하여 '삼체당'이라 편액한 뒤 삼형제가 평생 함께 살아갈 장소로 삼았다. 이것이 바로 삼가정파를 넘어 수곡파에 있어서 후대로 우애와 화목의 상징으로 자리매김하는 삼체당이다. 당이 완성되자 그들은 여가가 있을 때마다 서로 맞이하면서 손을 맞잡고 형제의 정을 나누었다. 간혹 비가 와서 시냇가에 있는 정자에 갈 수 없게 될 때는 바위 사이로 세 갈래 길을 내어서 보고 싶을 때마다 언제든지 함께 왕래할 수 있도록 하였다. 이것이 삼체당에 가려져 잘 알려지지 않은 세 오솔길, 삼경三徑이다. 또 음식을 먹을 때에는 삼형제가 한 자리에 앉을 수 있는 정삼각형(▲) 상을 마련하였고, 잠을 잘 때는 함께 베고 덮을 수 있는 넓고 긴 이불과 베개를 준비하였다. 그들이 함께했던 곳이 삼체당인 것처럼, 그 상과 금침도 각각 삼체상三棣床·

상체침三棣枕으로 불리면서 그 우애를 상징하고 있다.

류통원은 매우 자애롭고 배려하는 형이었다. 함께 모이기로 한 날, 바위 옆의 아이들의 집에 먼저 들어와 기다리면서 오히려 두 아우가 늦게 올까 걱정스럽다는 시를 지으면서 동생들을 그리워하였다. 또 형제의 소중함을 몸소 깨친 경험을 하였다. 하루는 막내 아우 류장원이 자신을 끌어안고 잠이 든 적이 있었다. 이때 그는 형제라는 것이 형체를 나누어 가졌지만 기운을 이어받은 사이임을 느꼈다. 동생과 함께 자면서 기맥이 흐르고 통하는 사이임을 자신도 모르게 깨닫고, 이것이 이른바 동기상구同氣相求의 뜻이라고 하였다.

류도원柳道源(1721-1791)은 자가 숙문叔文, 호는 노애蘆厓·남간南澗이다. 아우 류장원과 함께 이상정에게 배웠다. 진사가 되었으나 벼슬에 뜻이 없었고, 학행이 널리 알려져 도천道薦으로 명릉참봉에 제수되었으나 병을 이유로 사직하였다. 1790년 첨지중추부사가 되었다. 형을 아버지처럼 섬기고 아우는 어린아이를 기르듯이 아끼면서, 일이 있으면 반드시 품의하고 먹을 것이 생기면 반드시 나누어 먹는 등 평생 독실한 우애를 나누었다. 특히 형이 질병을 몇 년째 앓고 있었는데, 백방으로 약을 구해 지성으로 보살펴서 낫게 하였다고 한다. 일찍이 십계이잠十戒二箴을 지어 경계로 삼아 자신을 단속하면서 삼가정과 침간정 정신을 계승하였고, 만년에는 천여 권의 장서를 벗 삼아 학문에 전념하였다. 그의 학구열은 다양한 저술과 함께 퇴계학에 대한 철저한 연구를 통

노애 현판

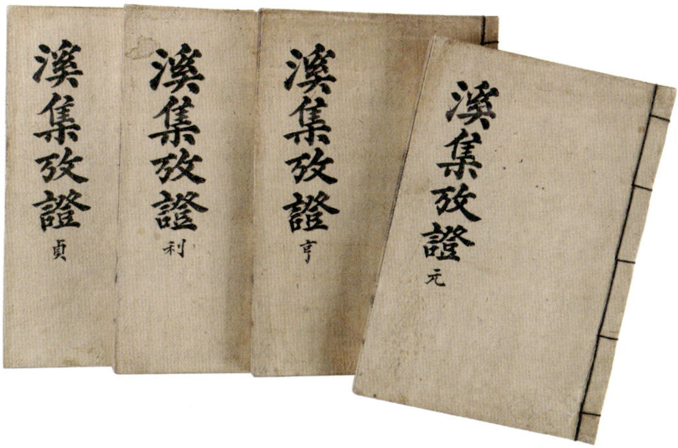

『퇴계선생문집고증』

해 고증학과 주석학에 모범을 보여 준 8권 4책의 『퇴계선생문집고증退溪先生文集攷證』으로 발현되었다. 주목할 것은 이 책이 만들어진 시기이다. 류도원은 1721년에 태어나 71세의 일기로 1791년 세상을 떠났는데, 이 책은 68세에 편찬한 것이다. 퇴계가 1571년에 서거하였으니 산술적으로도 220여 년이 차이가 난다. 그럼에도 불구하고 『퇴계문집』에 등장하는 인명·지명·역사·고사 등의 내용을 고증하면서 퇴계를 깊이 사숙하는 모습을 보이며 고증과 질의를 통하여 확인한 바를 모두 기록하였다. 여기에서 그는 퇴계의 학문을 동방의 정수로 인식하면서 초학자들이 퇴계의 학문을 이해하여 계승할 수 있도록 하기 위한 일종의 사명감을 보여주고 있다. 『퇴계선생문집고증』은 한국의 한문 훈고·주석학사에서 매우 특이한 위치를 차지하는 것으로 평가받고 있다. 이 밖에도 『가례』에 대한 설명서인 『사례편고四禮便考』·『동헌집록東獻輯錄』 등의 저술이 있고, 문집으로 『노애문집』이 있다. 그의 가학은 류범휴·류락휴·류현휴 등 세 아들에게 전해졌는데, 이들은 모두 이상정의 제자가 되어 퇴계학을 계승하였다.

류장원(1724–1796)은 자가 숙원叔遠이고, 호는 동암東巖이다. 형 류도원의 행장을 지으면서 "형님께서는 아우를 결코 우매하거나 미련하다고 여기거나 무시하지 않으셨다. 일이 있으면 나에게 물으시고 의심나면 또 물으셨다. 다니실 때마다 나를 당신의 손발과 함께 맞추어 걷게 하셨는데, 그렇게 한 지가 지금까지 70여 년이 되었다. 형님에 대한 모든 것을 내가 아니면 누가 기억할 수

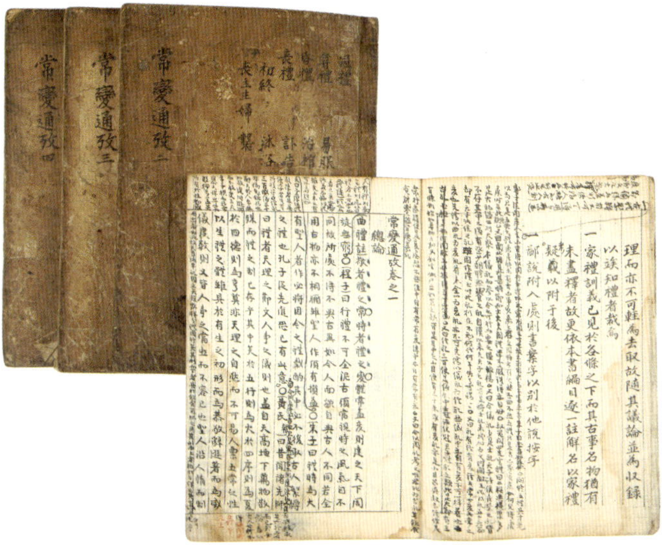

『상변통고』

있겠는가?"라고 하면서, 그 평생의 감회를 함축적으로 서술하였다. 그는 1763년 사마시에 합격한 뒤 과거시험을 포기하고 학문에만 전념하였다. 만년에 이상정의 문하에 들면서 이종수李宗洙·김종덕金宗德 등과 더불어 이른바 '호문삼로湖門三老'로 불리면서 이상정의 학문을 계승한 사람으로 평가받았다. 그의 학문은 당시에 예학 분야에서 큰 족적을 남겼는데, 당시에 조선 예학을 집대성한 것으로 평가받는 『상변통고常變通攷』 30권 16책을 저술하였다.

삼체당 삼형제는 일찍이 함께 과거를 본 적이 있었다. 류통원이 과장에서 시권 제출이 늦자, 이미 답안을 완성한 두 아우도 형을 기다리며 제출하지 않으려고 하였다. 오히려 류통원은 아우들의 시험을 걱정하면서 과거의 뜻을 포기하려고 하였다. 아우들이 그럴 수 없다고 만류하였지만, 결국 형의 뜻을 굽히지는 못하였다. 과거 응시에 관한 일화는 또 있다. 류도원과 류장원은 형제이자 사우이고 동학이었다. 함께 공부하고 과거에도 함께 응시하려고 했다. 그런데 류도원이 과거 길에 오를 때 출계한 류장원이 상중이었다. 류도원은 혼자 과거 길에 올랐지만, 하루 만에 갑자기 말고삐를 돌려 집으로 돌아왔다. 그러면서 "아우가 외롭게 슬픔에 잠겨 있는데, 내가 차마 홀로 과거를 보러 갈 수 없다."라고 하면서 돌아와, 아우를 위로하면서 40여 일을 함께하였다고 한다. 살림이 그렇게 넉넉하지 못했던 삼형제는, 1775년 홍수에 전답이 모두 사라지고 흉년이 들자 자신들의 가산을 합치고 동거하면서 함께 먹고 함께 굶기를 한마음으로 약속하고 어려움을 이겨냈다고 한다. 위와 같은 일화를 남긴 삼체당의 생활은, 류통원이 세상을 떠난 뒤 류장원이 대평으로 이거하여 자신의 장수처인 동암정東巖亭에서 학문에 전념하고, 류도원은 자신의 호로 삼았던 노애에 흙집을 짓고 소장하던 천여 권 책을 벗 삼아 학문에 몰두하게 되면서, 부득이 더 이상 할 수 없게 되었다. 삼체당 형제의 일화는 언뜻 보면 당연하면서도 크게 주목할 일이 아닐지 모른다. 또한 이들 삼형제의 경우뿐만 아니라 남들에게도 이와 유사한 일화들은 많이 있을 것이다. 그러나 오늘날 사친이효事親以孝·형우제공兄友弟恭 이 두 가지 덕목이

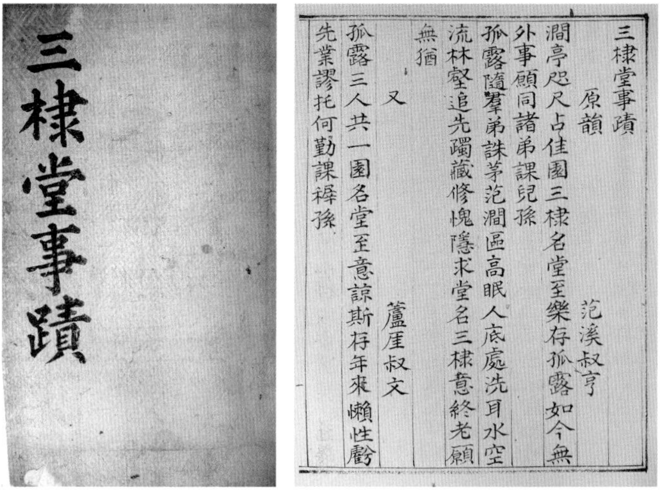

三棣堂事蹟

原韻 范溪叔亨

澗亭咫尺占佳園三棣名堂至樂存孤露如今無外事顧同諸弟課兒孫

孤露隨羣弟誅茅范澗匾高眠人底處洗耳水空流林壑追先躅藏修愧隱求堂名三棣意終老願無猶

又 蘆厓叔文

孤露三人共一園名堂至意諒斯存年來懶性虧先業謬托何勤課稗孫

『삼체당사적』

누구나 쉽게 실천할 수 있는 것은 아니기 때문에 지금까지도 기록되고 전해지는 것이 아니겠는가? 지금, 우리로 하여금 깨닫게 하는 바가 분명히 있을 것이다.

삼체당의 학문은 가깝게는 조부 류봉시가 류승현·류관현 두 아들을 위동 삼가정에서 훈육한 가학을 모범으로 삼고 있다. 게다가 삼체당에서 보여준 천성의 우애를 통해 서로 학문을 수수하면서 협찬하였던 결과라고도 할 수 있다. 이들 삼형제는, 당대를 전후하여 제자백가를 섭렵하고 경·역학의 대가였던 류정원과 문장·서법뿐만 아니라 거문고에 뛰어났던 류홍원 등을 포함한 여러 친족 문인들과 함께, 전주류씨 수곡파 가학의 전성기를 이룬 대표적인 인물들로 평가받고 있다. 아울러 류범휴柳範休·류성휴柳星休·류천휴柳川休·류건휴柳健休·류회문柳晦文·류약문柳約文·류병문柳炳文·류휘문柳徽文·류정문柳鼎文·류낙문柳洛文·류치명柳致明·류치호柳致皜·류치엄柳致儼 등 다수의 수곡파 학자군을 형성하여 가학을 선도하고, 18-20세기를 지나오며 수곡파를 영남의 문학지성文學之盛이라는 반열에 올려놓는 중요한 역할을 담당하였다. 물론 밖으로는 당시 이상정을 비롯하여 퇴계학맥을 계승한 당대의 명유들과 긴밀하게 교유하면서 더욱 그 깊이가 더해졌음도 결코 간과할 수 없는 점이다. 덧붙여서, 이들 삼형제의 우애와 학문이 삼가정·침간정·삼체당·동암정 등의 공간을 중심으로 선대를 계승하고 후대를 열어 주는 계왕개래繼往開來의 산실이었다는 점도 눈여겨보면 좋을 것이다.

삼가정파 세계도

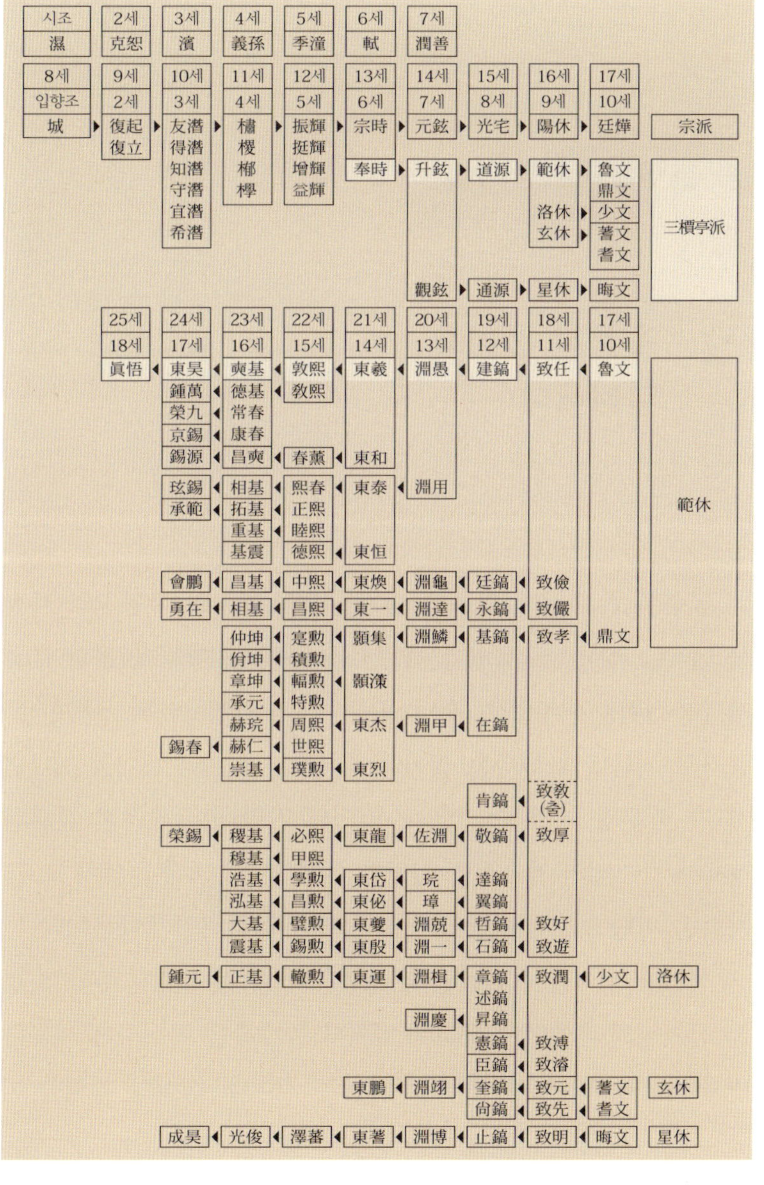
시조 濕
2세 克恕
3세 濱
4세 義孫
5세 季潼
6세 軾
7세 潤善
8세 입향조 城
9세 2세 復起 復立
10세 3세 友潛 得潛 知潛 守潛 宜潛 希潛
11세 4세 檣 椶 梆 欅
12세 5세 振輝 挺輝 增輝 益輝
13세 6세 宗時 奉時
14세 7세 元鉉 升鉉 觀鉉
15세 8세 光宅 道源 通源
16세 9세 陽休 範休 洛休 玄休 星休
17세 10세 廷燁 魯文 鼎文 少文 著文 耆文 晦文
宗派
三檟亭派
25세 18세 眞悟
24세 17세 東旲 鍾萬 榮九 京錫 錫源 玹錫 承範 會鵬 勇在 錫春 榮錫 鍾元 成旲
23세 16세 奭基 德基 常春 康春 昌奭 相基 拓基 重基 基震 昌基 相基 仲坤 佾坤 章坤 承元 赫琓 赫仁 崇基 稷基 穆基 浩基 泓基 大基 震基 正基 光俊
22세 15세 敦熙 敎熙 春薰 熙春 正熙 睦熙 德熙 中熙 昌熙 寔勳 積勳 輻勳 特勳 周熙 世熙 璞勳 必熙 甲熙 學勳 昌勳 璧勳 錫勳 轍勳 澤蕃
21세 14세 東羲 東和 東泰 東恒 東煥 東一 顥集 顥瀠 東杰 東烈 東龍 東岱 東佖 東夔 東殷 東運 東鵬 東著
20세 13세 淵愚 淵用 淵龜 淵達 淵鱗 淵甲 佐淵 琓 璋 淵兢 淵一 淵楫 淵慶 淵翊 淵博
19세 12세 建鎬 廷鎬 永鎬 基鎬 在鎬 肯鎬 敬鎬 達鎬 翼鎬 哲鎬 石鎬 章鎬 述鎬 昇鎬 憲鎬 臣鎬 奎鎬 尙鎬 止鎬
18세 11세 致任 致儉 致儼 致孝 致敎(출) 致厚 致好 致遊 致潤 致溥 致濬 致元 致先 致明
17세 10세 魯文 鼎文 少文 著文 耆文 晦文
範休 洛休 玄休 星休

침간정
정신을 이어서

2 훌륭한 선비를 길러내다

전주류씨 수곡파 가운데 삼가정파의 파조인 류봉시의 가장 큰 업적은, 분가 후 특별한 가르침을 통해 두 아들을 문과에 급제시켜 성취를 이루었고, 훗날 표곡(박실)과 대평(한들)의 우뚝한 두 종가로 거듭나게 했다는 것이다. 두 종가가 여러 세대를 지나면서 그 학문과 기맥을 전할 수 있었던 바탕에는 류승현·류관현 형제가 삼가정의 가르침을 실천한 데에 있고, 그 후손들이 또 그 가학을 바탕으로 뚜렷한 학문적 성과를 이룩하였기 때문이다.

삼체당 형제들이 실천한 우애로운 일화 못지않게 주목할 것은 삼가정의 후예답게 학문에 있어서도 가학을 독실하게 계승하면서 나름대로 큰 성취를 이루었다는 점이다. 삼체당 형제를 이어 용와종가의 후손들은 가학의 전통을 계승하며 훌륭한 선비가 되고자 하였고, 실제로 각 분야에서 학덕을 겸비한 인물을 배출하였다. 그 가운데 대표적인 인물 몇 명만을 소개하고자 한다.

류범휴柳範休(1744-1823)는 류승현의 손자이자 류도원의 아들로서, 자는 천서天瑞, 호는 호곡壺谷이다. 1760년 김강한金江漢의 사위가 된 후부터 20여 년 동안 스승으로 섬겼고, 생원시에 합격한 뒤 학문에만 전념하였다. 1772년 아버지를 따르고 두 아우와 함께 이상정의 문하에 나아가 이상정으로부터 '입지거경立志居敬 치지역행致知力行 강건중정剛健中正 함홍광대含弘光大'의 십육언十六言 지결을 전수하여 이상정의 호학湖學을 계승하였다. 1785년 아버지를 이어 도천道薦으로 태릉참봉泰陵慘奉에 임명되었고, 1787년부터 사옹원봉사·약방제조·평시서직장·의금부도사·송화현감·장악원주부·사도시첨정 등을 지냈다. 또 1795년에는 고성군수高城郡守로 부임해 군정을 바로잡으며 선정을 베풀었고, 1797년 안변부사安邊府使로 부임했다가 2년 만에 사직하고 고향으로 돌아와 학문에 주력하였고, 1828년 통정대부에 올랐다. 소수서원·사빈서원泗濱書院·고산서원高山書院 등에서 열린 강회에서 경학과 성리학 분야에 뛰어난 학문적 역량을 드러내었다. 채제공을 비롯하여 유한인兪漢人·권방權訪·정종로鄭宗魯 등과 두루 교유하였다. 문집으로 『호곡집』 14권 7책이 있고, 특히 이완·권방 등과는 벼슬살이하던 1787년 서울에서 자주 만나 경의經義·봉직奉職·응무應務·출처出處·어묵語默의 절차에 대해 토론하였는데, 그 내용이

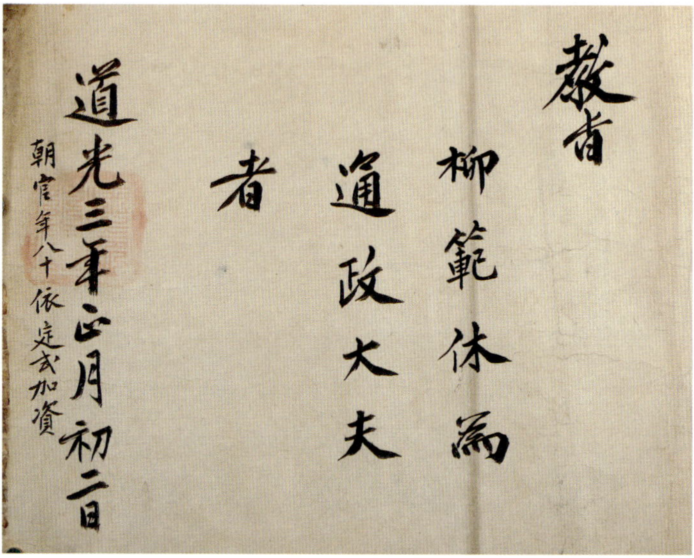
敎旨

柳範休爲

通政大夫

者

道光三年正月初二日

朝官年八十依定式加資

류범휴 통정대부 교지

십육언十六言의 일부

『반촌문답泮村問答』에 자세하게 실려 있다. 그의 학문은 류치명과 류건휴 등에게 직접적으로 전해졌다.

류정문柳鼎文(1782-1839)은 류범휴의 둘째 아들로서 자는 이중耳仲, 호는 수정재壽靜齋이다. 「관계잡지寏啓雜識」를 지어 가정의 가르침을 받고 체득한 교훈을 후손들에게 전하였다. 그 서두에 말하기를 "오직 '한 자를 읽으면 한 자를 행하고, 한 구를 읽으면 한 구를 실천하라[讀一字 行一字 讀一句 踐一句]'고 한 말이 30년 동안 가정의 가르침에서 들은 바일 뿐이다. 지금 부모님께서 돌아가시고 훈계로 삼는 것도 또한 이것뿐이다."라고 하면서 지행일치를 강조하였다. 그는 또 조카들에게 "너의 의론은 언제나 의리로써 하니 모름지기 실질에 힘쓰라."라고 하고, 혹은 "네가 공부하는 것은 지엽으로 가고 있으니 어찌 본원에 유의하지 않는가."라고 하며 일일이 훈도하는 세심한 교육 자세도 보여 주었다. 일찍이 과거에는 뜻을 끊고 경학·예학·성리학에 몰두하였다. 류정문은 학문과 덕행으로 조부 류도원과 아버지 류범휴를 이어 혜릉참봉惠陵參奉에 천거되어 3대에 연달아 도천의 영예를 안았다. 그는 조부 류도원과 종조부 류장원 및 외조부 김강한의 문하에서 수학하면서 자연스럽게 이상정의 학문을 전수하였다. 문집 외에 대표적인 저술로 『근사록집해증산近思錄集解增刪』 14권 7책이 있는데, 이는 섭채葉采의 『근사록집해近思錄集解』에 대해 착오를 산삭하고 부족한 점을 보완한 것이다.

류치엄柳致儼(1810-1876)은 자가 중사仲思, 호는 만산萬山이다.

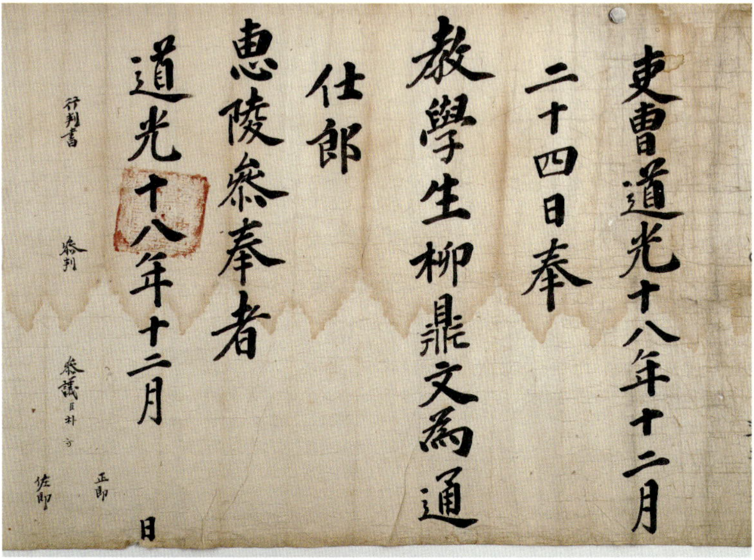

吏曹道光十八年十二月
二十四日奉
教學生柳鼎文爲通
仕郎
惠陵參奉者
道光十八年十二月 日
行判書
參判
參議
正郎
佐郎

류정문 혜릉참봉 교지

류노문의 아들로서 류치명의 문인이면서 삼종제이며, 류치명과 함께 이상정의 외증손이다. 그는 『성리진상性理眞像』 2책과 『계훈집요溪訓輯要』 등을 편성하고, 『호학집성湖學輯成』을 편찬하여 이상정의 학문요체를 일목요연하게 밝혀 그 종지를 알 수 있게 하였다. 자신이 지은 소지를 보면, 『호학집성』은 류장원의 『호서류편』에서 나아가 대체를 확인하고 이상정의 학문을 계승하고자 하는 의도였다. 류치엄은 여기에 그치지 않고 「호학십도湖學十圖」를 완성하는데, '호학'의 결정판이라고 해도 과언이 아닐 것이다. 즉, 퇴계의 학문 정수가 「성학십도」에 있다고 하듯이, 이상정의 그것도

「호학십도」에 있다고 해도 무방하다. 또 류치명이 이상정의 『대산선생실기』를 편성할 때 처음부터 끝까지 협찬하는 역할을 맡았다. 특히 1855년 류치명이 장헌세자 추숭 문제에 대해 상소하였다가 신안군 지도智島로 유배를 가게 되자 형 류치임과 함께 배종하였고, 당시의 사실을 기록하여 『부도(지도)추배록涪島趨拜錄』을 남겼다. 이는 류치명의 유배 과정 및 생활을 알 수 있는 유일한 기록이다. 그의 학문은 (류도원)–류장원–(류범휴)–류치명을 통해 전해지는 가학에 뿌리를 두었는데, 조부 류범휴가 이상정으로부터 받은 십육언 교훈에 대한 해설서라 할 수 있는 「학부연의學符演義」를 짓는 등 이상정의 학문을 깊이 전수하였다. 류치엄의 문집은 8권 4책으로 그 학문 성취에 비해 규모가 비교적 작지만, 내용 면에서는 기타 저술과 함께 철저한 성리학적 학문 세계를 확인할 수 있다.

류기호柳基鎬(1823–1886)는 류정문의 손자이자 백와伯窩 류치효柳致孝의 아들로서 자는 공보鞏甫, 호는 석은石隱이다. 류치명의 문인으로, 호계서원(여강서원) 중건과 고산서당의 증설을 계획하고 임천서원을 이건하는 임무를 도맡아 처리하였다. 1864년에는 임천서원 사액을 청하는 상소를 추진하였으며, 1870년에 임천서원 복설 운동을 추진하다 강원도 금화에 유배되었다. 또한 1881년에는 영남만인소와 이재선 역모사건에 얽혀 3개월 동안의 옥고를 당하고, 1885년 겨울 다시 2개월간 옥고를 치른 데 이어, 1886년에 평안도 선천으로 유배되었다가 세상을 떠났다. 예학과 성리학에 조예가 깊었고, 영남의 장석으로서 유림의 중망을 받으면서 이돈우·이문직·이진상·이집·이만각·서산 김흥락 등과 교유하였다. 저술로는 『석은집』 6권 3책과 유배생활에서 편성한 『객일수록客日隨錄』 4권 2책 등이 있다.

류정호柳廷鎬(1837-1907)는 류치임의 아들로 태어나 류치검의 후사를 이었다. 자는 원직元直, 호는 수재修齋이며, 류치명과 김흥락의 문인이다. 5세에 계부 류치엄에게 수학하기 시작하면서 항상 하늘을 향해 꿇어 앉아 "내가 착한 사람이 되기를 원하고 학업에 부지런하기를 원하게 해 주십시오[使我願爲善人 願懋學業]."라고 기도하면서 학문을 통해 훌륭한 선비가 되길 원했다. 10여 세 무렵부터 역사서와 사서를 비롯한 경전을 섭렵하자 류치엄과 족부인 류치유에 의해 "가학의 씨앗[家學種子]"으로 지목되기도 하였다. 문집 16권 8책이 전하고, 이황이 편저한 『주자서절요朱子書節要』에 대해 자신만의 재해석을 통해 현토한 『수재현토修齋懸吐 주자서절요朱子書節要』를 완성하였다. 이로서 그는 20세기 초를 전후하여 수곡파 학자 가운데 주자의 성리학적 사유를 가장 정치하게 연구하고 분석한 학자로 평가받고 있다. 이것은 자신은 물론이고 자손들의 공부를 위한 독본으로 삼기 위함이었고, 여기서 류정호의 학문 방법과 해석상의 새로운 시각을 엿볼 수 있다.

제5장

용와를 기리며 삼가정을 계승하다

1 고종高宗의 사제賜祭와 『치제시일기致祭時日記』

무신년(1728) 이인좌의 난에 창의한 공신들의 충의를 치하하면서, 영조는 류승현을 직접 인견하거나 포상을 내린 적이 있었고, 정조는 그 아들 류도원에게 관직을 내리기도 하였다. 그리고 102년이 지난 1890년 음력 11월 7일 의정부에서 고종에게 아뢰었다.

> 무신년(1788)에 나라를 위해 목숨을 바친 사람들과 공로 있는 사람으로서 제사를 지내 주어야 할 사람들과 벼슬을 추증한 사람의 대를 이은 후손으로서 등용할 만한 사람을 가려 조정에서 기록을 소급하여 상고해 품의하여 시행하라는 명을 내리셨습니다. 또 정조조의 포록에 의하면, 무신년의 공신과 충신들에 대한 윤음綸音에서 풍릉 부원군 조문명, … 증 참판 류승현, 증 참의 권만, … 등은 모두 지방관을 보내 제사를 지내 주었습니

다. … 그 밖에 각 도에서 계문啓聞하여 포상했던 사람들에 대해서는 일일이 뜻을 표시하기는 어려우니, 모두 각각 해당 도신道臣으로 하여금 그 자손들을 찾아 위문하고 특별히 보살펴 주도록 하는 것이 어떻겠습니까?

1890년 11월 28일, 고종은 의정부의 건의를 윤허하고 영조 당시 공신 25명의 사당에 치제하도록 명하였다. 이에 따라 이듬해 1891년 류승현에게 사제문이 내려오고 군위현감을 통해 영원히 기억할 수 있게 하였다. 치제의 명이 내려오고 그 이후 과정에 여러 가지 상황이 있었다. 하지만 결과를 놓고 보면, 지금의 용와종가는 1891년에 이르러서야 비로소 종가의 반열에 올랐다고 볼 수 있다. 불천不遷의 기림을 당시에 받지 못하였다면, 밖으로는 용와고택慵窩古宅이거나 용와구려慵窩舊廬일 것이고 안으로는 아마 그냥 표곡(박실)의 삼가정파 큰집으로 남았을지도 모를 일이다. 또 시대 상황을 고려해 보면, 1890년을 지나면서 고종의 조선은 격변의 시기에 직면하게 된다. 1895년 10월 8일 일제에 의해 명성황후가 시해되는 을미사변이라는 참변을 당하였고, 유림에게는 단발령이라는 받아들이기 힘든 명령이 내려졌다. 또 서세동점의 격랑 속에 있으면서도 1897년 고종의 선포로 대한제국이 탄생하며 새로운 도약을 준비하고 있었지만 그것도 잠시였다. 1910년 경술년 국치를 당하였고 국권뿐만 아니라 민족의 정체성을 상실할 수 있는 절명의 시대를 맞게 된 것이다. 다시 류승현 자신과 용와종가의 입장에서 보면, 그들이 바라거나 기대한 것은 결코 아니었지만 시대와 역사를 가르는 격랑의 물결이 일어나기 전에 류승현을 위한 백세불천百世不遷의 제사를 받들 수 있게 된 것은 다행스러운 일이 아닐 수 없었을 것이다.

치제의 명이 내려지자 류승현의 후손들은 고종의 명을 받들기 위한 준비를 해야 했다. 당시의 자세한 기록이 남아 있는데, 1890년 12월 19일부터 치제 다음날인 4월 4일까지의 과정을 기록한 『치제시일기致祭時日記』가 그것이다.

1890년 12월 19일은 류승현의 후손들이 처음으로 치제의 명을 들은 날이다. 1728년 무신년 공신들에 관한 추가 포상을 내린다는 조정의 문서는 그전에 이미 하달되었다. 그런데 조정으로부터 직접 듣지 못하고, 존재 이휘일의 8대손으로 을미의병에 참여한 우헌于軒 이수악李壽岳을 통해 들은 것이었다. 한 달여 동안 치제의 명이 있었는지, 문서가 내려왔는지도 몰랐던 후손들은 놀라면서도 답답하였다. 왜냐하면 당시에 문중 사람 여러 명이 서울에 있었는데도 듣지 못하고 외부에서 소식을 들었기 때문이다. 당시 류승현의 주손은 류건호였는데, 예제상으로는 류승현의 5대손으로 4대 봉사의 기준으로 류승현의 신주를 영원히 땅에 묻어야 할(조매祧埋) 입장에 처해 있었고, 더 이상 제사를 받들 수 없었다. 그들 표현으로는 마음이 편치 못하였고[未安], 죄송하고 죄송할 뿐이었다. 요즈음 간단히 쓰는 미안의 뜻과는 전혀 다른 마음이었다. 또 삼가정파는 어떻게 해야 좋을지 몰랐다. 정조조에 채제공의 특별한 건의에 따라 국가의 포상과 포록을 받으면서 품계까지 올라 증직까지 받은 류승현을 예법에 따라 쉽게 잊히게만 할 수 없었다. 그렇게 고민했던 기간이 거의 10년이었는데, 우연인지 몰라도 때마침 치제의 명이 내려온 것이다. 그들은 하늘이 도왔다고 기록하면서 어떻게 그 은혜를 다 갚아야 할지 모르겠다고 감격해 하였다.

12월 25일에 류연극柳淵克이 조정에서 내린 문서를 직접 베껴와 치제의 명을 확인하였다.

12월 27일, 삼가정 후손들이 치제의 명을 받들 계획을 세우면서 다음해 2월 13일 치제를 봉행하기로 정하였다. 류정호柳廷鎬와 류헌호柳憲鎬를 도판都辦으로 삼아 치제 준비를 총괄하여 관리하도록 하고 그 나머지에게도 각각 임무를 맡겨 추진하게 되었다.

1891년 정월 초하루 차례를 지내면서 이날 류건호가 지난 해 치제의 명을 받은 사실을 축문을 지어 가묘에 고하였다. 한편 가장 염려했던 것은 조정에 제출해야 할 제문의 초안이 없는 것이었다. 갑작스러운 명을 받고 특별히 문장가에게 부탁하여 지을 여가가 없었다. 초본이 없어서는 안 될 일이었지만 곧바로 조정에 요청하기로 하였다. 그래서 창의 때 사적과 행장 및 묘갈명 등을 준비하여 류연구를 통해 보내고 가는 길에 당시 상서 석산石山 김익용金益容(1820-?)에게 요청하기로 하였다. 김익용은 선산김씨로 공조판서·예조판서·한성부판윤 등의 벼슬을 지낸 인물이다.

정월 초3일, 류연구가 서울을 향해 출발하였다. 노자와 서울에서 쓸 비용이 모자라 배의문裵義聞이라는 사람에게 50금金을 빌려야 했다. 고생스러운 길이었다. 겨울 날씨가 연일 흐리고 흙

비가 내려 진흙탕 길에 정강이까지 빠질 정도였다.

정월 초6일, 류연구가 서울로 떠난 뒤, 문중에서는 기양서당에서 정월 알묘를 행한 뒤 문중 소임을 정하였고, 안동 유림에서도 사빈서원에서 모임을 갖고 향중 소임을 정하였다.

정월 15일, 문중에서 목수 두 사람을 불러 감실을 제작하고 가까운 곳에서 옻을 구해 칠을 하였다. 하지만 감실 장식은 서울에서 사온 것을 사용하였다. 그 사이 일주일이 지났다.

정월 23일, 서울 길에 돈을 빌려 주었던 배의문을 통해 류연구의 편지가 문중에 전해졌다. 류연구가 충원忠原에 이르러 김익용과 의논 끝에 제문의 내용을 확정하였다. 도성에 이르러 먼저 남재南齋에서 척숙 운포雲圃 김경락金景洛과 척형 김건영金建永을 만났는데, 조정에서 2월에 세자가 태어날 경사를 맞이하여 어떤 공문서라도 감히 '고故' 자를 쓸 수 없기 때문에 삼가달라는 말을 들었다. 따라서 치제일도 언제가 될지 기약이 없게 되었다. 시랑 조종필趙鍾弼에게 물어보고 예조에까지 가 보았지만 마찬가지 답이 돌아왔다. 류연구의 입장에서는 천 리 길을 달려왔는데 막연하게 되돌아가야 할 처지가 되었고, 문중에서도 조처할 일이 없게 되었다. 그 사이 치제일이 다음 달 세자 탄신을 축하하는 경과慶科 시험으로 미루어졌기에 부득이 서울에 머물러 기다려야만 했다. 한편 문중에서는 거의 모든 준비를 마치고 있었는데, 갑작스러운 차질에 답답한 마음을 금할 수 없었다. 어쩔 수 없이 기다리다가 조정에서 4월 초3일로 다시 정했다는 소식을 받았다.

그렇게 2월이 지나갔다. 한편 예조에서는 3월 초5일 의정부의 초기에 기록된 고종의 명에 따라 4월 초3일로 정하였고, 경상도 안동이기 때문에 지방관을 파견하여 류승현의 사판祠版(신주)에 치제할 것이라고 하였다. 고종의 명을 받은 예조에서 치제 제문은 예문관에서 짓게 하고 예조의 서리가 직접 내려보내 주게 하였다. 그리고 제물의 진배와 임시로 집사관을 뽑아 정하는 일 등에 있어서는 본 도에서 알아서 시행하도록 하였다.

3월 초9일, 류연갑과 류연구가 돌아와 서울을 다녀온 상황을 전하였다. 2월 그믐날 예조에 갔더니 예조 관리 이희상이 2월에는 감히 어떻게 할 수가 없었고, 3월 초에 아뢰었더니 윤허를 받아 치제를 거행하라는 관문을 발행하였다고 하였다. 아울러 예조판서 남정철南廷喆도 해당 관리를 불러 이와 같이 지휘하였기에 드디어 택일단자를 예조에 올리고 먼저 돌아왔다고 하였다. 하지만 윤허를 받은 뒤 발행한 관문은 보지 못하였다. 쉽지 않은 서울 길에 함께 갔던 몇 사람은 동시東試를 참관하기 위하여 머무르면서 혹시라도 어긋나는 경우를 대비하고자 하였다. 그 사이 예조에서는 고종의 명을 받고 해당 부서와 협력하면서 치제 거행을 위한 제반 조치를 진행하고 있었다.

3월 13일, 상급 관청에서는 하급 관청에 내리는 지시 공문과 임시로 의장을 담당하는 차비관差備官을 임명하고, 고종의 윤허를 받았다. 같은 날, 예조의 관문이 안동부에도 전해졌고, 의정부에서 건의한 치제의 일을 고종의 재가에 따라 정밀하게 준비하고 시일에 맞춰 제사를 지내게 한 뒤 사후에 보고하도록 하였다.

3월 17일, 류연즙이 성균관에 있으면서 보낸 편지에서 3월 초5일 조정에 보고되어 다음날 관문이 발행되었다고 알려왔다. 이때부터 문중은 준비에 전념할 수 있었지만 촉박한 날짜로 인해 주변 각지에 연일 통문을 보내 협조를 구하였다. 청송·영천·경주·대구·인동·칠곡·상주·선산·춘양 내성·풍기 순흥·진보·영양 등지에 사람을 보내 치제 사실을 알리고 협찬을 부탁하였다. 문중에서는 제반 목록을 작성하고 점검에 들어갔고, 마을 사람들도 너나 할 것 없이 도왔다.

3월 20일, 류연달·류연즙·류연진 등이 돌아오는 길에 안동부에 들러 경상감영의 관문이 도착하였음을 확인하였다. 하지만 이때까지 예관 등의 제관祭官이 누구로 정해졌는지 알 수 없었다.

3월 21일, 문중에서는 류연학을 안동부에 보내 문중에서 준비해야 할 일들을 물어보았다. 이틀 뒤 안동부 아전 권문성의 고목告目이 도착하여 감영의 관문과 집사관 등의 내용을 보내와 베껴 썼다. 치제 예관은 의성현령義城縣令 김윤현金胤鉉이었지만 유고가 있어 군위현감 낙재樂齋 김요협金堯莢(1833-1909)이 대신 맡도록 되어 있었다. 전사대축典祀大祝은 예안현감 홍양섭洪亮燮으로 정해졌고, 축사재랑祝史齋郎은 안기찰방 홍병윤洪炳潤으로 정해졌다. 또한 제물, 진설도 및 이전의 사례 등의 등본을 보내와 제반 절차에 응용하라는 내용이 전해졌다.

3월 24일, 경상감영과 안동부 관문에 의거하여 본가 대문 밖에는 치제를 봉행할 장소를 중심으로 천막을 치고, 향축과 제물 등과 가가假家(임시로 만든 집)에까지 모두 관에서 보내 준 것을 사용하였다. 그 나머지는 문중에서 마련하였다.

3월 28일, 도소都所에서 안팎으로 소요되는 제수를 안배하였다. 문중에서 도판 등의 소임을 맡았던 이들이 차례대로 도착하여 회의를 가졌다. 두서없는 준비에 모두가 걱정뿐이었다. 특히 예관과 서리를 맞이하는 예우에도 각별한 신경을 써야 했다. 아울러 석현石峴(돌고개)이라는 곳부터 표곡 본가 앞까지 오가는 길 사이에 폭이 제법 넓은 강물을 건너야 하는 불편함이 있었기에 다리를 놓고 길을 정비하기도 하였다.

4월 초하루, 예조의 고목告目이 다시 도착하였는데, 의성현령을 대신하여 군위현감이 이튿날 본가에 온다는 내용이 있었다. 이튿날 4월 2일, 치제 봉행일 하루 전날이기에 매우 분주하고 때로는 준비가 두서가 없는 경우도 있었다. 아침 식사를 마칠 시간에 전사대축을 맡은 예안현감이 먼저 도착하였고, 정오 무렵 군위현감과 안기찰방이 차례대로 도착하였다. 향축과 제물 등이 앞서 들어오고 서리와 그 수복首僕(묘廟·사社·능陵·원園·서원 같은 곳의 일을 주관하는 구실아치의 우두머리)이 뒤를 따랐다. 예정에 없던 감영의 관리 1명, 마도馬徒 1명, 교생校生 1명도 불시에 온다는 소식을 듣고 마중 준비를 하였다. 곧이어 군위현감이 주손 류건호와 네다섯 명의 문중 노인들을 만나면서 정성을 다해 거행하겠다는 약속도 하였다. 그러면서 『용와집』과 「표충윤음」을 자세하게 읽어 보았다. 점심 식사를 마친 후에 예관의 명에 따라 유생 가운데 사의司儀 2명을 정해 유관복 등을 준비시켜 치제 봉행 시에 참여하도록 하였다. 오후에 도집례都執禮로 서산 김흥락을 선출하였는데, 끝내 고사하는 바람에 승낙을 받지 못하였다. 당시 치제는 이인좌의 난에 녹훈된 무공을 기리는 것이었으므로 김흥락의 고사 이유가 마땅하였다. 김흥락의 말대로 문·무는 상통相通하지 않는다는 옛 법도를 지키고자 한 것이었다. 아울러 자신의 자격 부족 때문이라는 이유도 있었다. 부득이 도집례를 교체할 수밖에 없었고, 새로 분정한 파록爬錄을 작성하는 사이에 새벽이 밝아오고 있었다. 치제 봉행을 기다리며 이날 모인 빈객의 수만 해도 천수백 명이었고, 그 밖에 남녀노소가 몇 천여 명이었다고 한다.

4월 3일, 아침에 제물이 진설되고, 가묘에서 신주를 모시고 나오는 출주出主 고사와 함께 드디어 봉행이 시작되었다. 예조에서 지은 고종의 치제문이 치제 대관代官 군위현감 김요협에 의해 낭독되었을 것이다. 참고로 김요협은 하서河西 김인후金麟厚의 12대 손이다. 홀기를 창하지 않고 단지 본가의 한 사람이 의절을 상고하여 서리에게 입으로 불러 주었다. 서리가 작은 홀기[小笏記]를 창하면서 거행되었다. 당시 의절은 「치제시 일기」에 부록되어 있다. 치제를 마치자 여러 자손들과 빈객들이 서로 예를 갖추었다. 임금이 하사한 제물을 물려 음복을 골고루 나누어 주려고 하자 좌우에서 다투어 받으려 하는 바람에 금세 없어져 버렸는데, 예모를 잃은 모습이 언짢기도 하였다. 음복을 마친 후 예관 이하

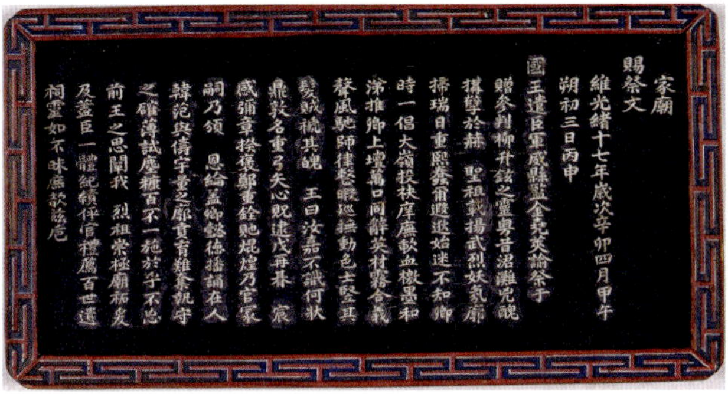

고종 사제문賜祭文

관리들이 떠나고 빈객들도 차례대로 모두 돌아갔다. 그런데 몇몇 사림의 노성한 이들이 남아 본가 주손과 후손들에게 다음과 같은 의미 있는 말을 해주었다.

선생(류승현)의 후덕에 대해 진실로 응당 이와 같은 하늘이 내린 은혜가 있었지만 오직 부조(불천)의 예에 대해 감히 번번이 의논을 하지 못한 것은 유신儒紳의 공의가 미흡했기 때문이 아니라 단지 사사로이 함부로 봉행하는 것이 미안하였기 때문이었습니다. 지금 조정에서 이미 공신功臣이라는 두 글자로 명이 내렸고, 또한 치제문 가운데 '백세토록 남을 사당[百世遺祠]'이라는 말이 있었습니다. 이 명이 내려온 뒤로부터 이전에 본가에서 혐의스러워 결정하지 못했던 일에 대해 지금은 이론이 없을 것입니다. 임금의 명이 우연히 내려온 것이 아니고 공의가 또한 이와 같으니, 백세토록 높이 받드는 예로 삼을 수 있는 근거로 삼기에 혐의할 것이 없을 것입니다.

류승현을 불천위로 모시는 일에 대한 사림의 최종 논의가 있고, 왕명에 따라 사림도 순응하여 결정되는 순간이었다. 드디어 다음 달 5월에 길사吉祀를 거행할 계획을 세우게 되었다.

치제 당시 일기에는, 당시에 본가 대문 밖에 마련한 설상設床과 설위設位의 자리 배치 및 가묘 앞뜰에 마련된 자리 배치를 알 수 있는 평면도와 조정에서 내린 제물의 목록, 그리고 제물을 차린 진설도 등이 기록되어 있다. 제물에 있어서는 명칭과 종류가 생경하긴 하지만, 지금 봉행되는 불천위 제사와 비교해 보아도 좋을 듯하다.

제물 단자祭物單子

유사병油沙餠(시루떡)	일기貳機(한 틀)
유백병油白餠(백설기)	일기壹機
설화병雪花餠	일기壹機
황은주黃隱柱	일기壹機
홍은주紅隱柱	일기壹機
면麵(국수)	일기壹器(한 그릇)
두포전豆泡煎(두부전)	일기壹器
채菜(나물)	일기壹器
대조大棗(대추)	일기壹器
백자栢子(잣)	일기壹器
호도胡桃	일기壹器
준시蹲柹(납작한 곶감)	일기壹器
생율生栗(생밤)	일기壹器

홍칠촉紅柒燭(붉은 칠을 한 초) 일쌍壹雙(한 쌍)
제주祭酒 일병壹甁(한 병)

제際(끝)

이 제물 단자 끝에는 겸토포사兼討捕使 이李 아무개가 확인하고 결재한 서명이 있었다. 이후 약 한 달여가 지나고 앞서 치제를 봉행한 뒤에 논의한 대로 1891년 음력 5월 5일, 신주를 개제改題하고 주손을 대신하여 전 지평 김흥락이「용와 류공의 부조 고유문[慵窩柳公不祧告由文]」을 지어 아뢰었다. 이로써 류승현은 백세토록 나라에서 받드는 충신이자 공신의 영령이 되었다.

유세차 신묘년 5월 갑자삭 초5일 무진일 효오대손 건호가 삼가
현오대조고 통정대부 공조참의 증가선대부이조참판 겸동지경연의금부사
홍문관제학 동지춘추관성균관사 오위도총부부총관부군
현오대조비 증정부인 김씨의 영전에 아룁니다.
維歲次辛卯五月甲子朔初五日戊辰 孝五代孫建鎬 敢昭告于
顯五代祖考 通政大夫 工曹參議 贈嘉善大夫吏曹參判 兼同知經筵義
禁府事 弘文館提學 同知春秋館成均館事 五衛都摠府副摠管府君
顯五代祖妣 贈貞夫人金氏

삼가 생각건대 부군께서는 恭惟府君
성대한 덕과 큰 도량에 盛德宏量
깊은 식견과 의연한 행실로 邃識毅行
물처럼 길고 산처럼 높아 水大山巍
어진 선비의 중망이 있었네. 儒賢有評

무신년(1728)의 난리에 의병을 일으켜	涒灘首義
나라를 위해 죽기로 맹세하니	誓心殉國
규율이 엄격하고 분명하며	紀律嚴明
행진하는 모습이 정연하였네.	旗鼓整肅
충성과 의분이 사람들을 감격시켜	忠憤所激
무너진 기강을 바로잡으니	頹綱以植
두 임금의 조정에서 포상하고	兩朝褒賞
추증하며 제사를 내렸고	有貤有錫
또한 후손 대대로 이어져	亦延厥世
주손을 녹훈하게 하였네.	鬯孫是錄
지금의 군왕께서 덕을 이어	今王嗣德
선왕의 묘당을 크게 받들고	崇極廟祏
이에 충신들에게도 미치어	爰及藎臣
일체로 공적을 기록하였고	一體紀績
관리를 보내어 치사하면서	伻官致侑
백세토록 제사 지내라 하셨네.	曰百世祠
삼가 은혜로운 말씀을 받드니	祇奉恩言
감격이 묘도에까지 사무치나	感徹泉逵
보잘 것이 없는 후손들은	眇玆孱孫
친속의 의리를 이미 다하였네.	親屬已竭
예에는 의로 일으킴이 있나니	禮有義起
감히 그 제사를 폐하겠는가,	敢替芬苾
성상의 돌보심이 이미 오래요	聖眷彌久
여론이 또한 흡족하게 여기네.	輿議且叶
고례를 더듬고 시속을 참고하여	按古參今
그로써 종통의 예를 이루어	宗禮以成
은혜를 품고 조상을 추모하니	銜恩追遠
슬픔과 영광이 함께 간절하네.	幷切愴榮

번역문(김우동 역, 『국역서산선생문집3』, 한국국학진흥원, 전재)

용와종가 가묘

이제 류승현은 명실공히 나라에서나 가정에서나 영원히 살게 되었다. 류승현이 1746년 풍기 임소에서 세상을 떠났으니, 145년이 지난 뒤의 일이었다. 또 표곡의 류승현의 옛집 '용와'는 침간정과 아울러 '용와종가'로서 거듭나게 되었다.

현재 용와종가에는 별도의 사당 건물이 없다. 종가 사랑채 대청마루 오른쪽 칸에 별묘 형태로 가묘가 있다. 가묘 안에는 별감別龕을 만들어 류승현의 신주를 봉안하고 있고, 그 이하로 용와종가 봉사위奉祀位 네 위의 신주가 차례로 봉안되어 있다.

위 사진에서 제일 왼쪽 감실이 불천위 용와 류승현 부부의 신주를 봉안한 곳이다. 그 오른쪽으로 차례대로 용와종가의 4대 봉사위 감실이다.

용와를 기리며
삼가정을 계승하다

2 불천위 제례

류승현의 5대 종손 류건호의 시대부터 또다시 5대가 흐른 지금이다. 얼추 계산해 보아도 130년이 지났다. 따라서 지금의 용와종가 불천위 제례의 모습은 제례를 봉행하는 날짜부터도 그렇고 전체적으로 다소 변해 있는 것이 사실이다.

불천위 제례의 차례는 홀기에 따른다. 홀기는 내지 8면의 절첩본으로 말미에는 신주를 모셔 나올 때 아뢰는 출주고사出主告辭 및 축문 서식이 부록되어 있다. 홀기에 부록된 축문에는 류승현의 5대 종손 류건호柳建鎬(1826–1903)의 성명이 적혀 있다. 이를 미루어 보면, 지금 사용하고 있는 홀기가 고종이 사제할 당시에 만들어진 것임을 알 수 있다. 약 130년이 지나 고색이 창연하고,

1891년 이후 해마다 봉행한 제례에 창홀唱笏하였을 집례자의 손때의 흔적도 보이는 듯하다.

현재 용와종가의 불천위 제례는 류승현의 기일에 지내지 않고 양력 5월 5일에 봉행한다. 이는 용와종가가 박실에서 일선리로 이건한 뒤 삼가정파 문중 회의의 공론을 거쳐 결정되었다. 조상에게 죄송하고 송구스러운 결정이지만 시속을 따르는 측면도 있었고, 무엇보다도 현대 생활을 고려한 결정이었다. 법정 공휴일이니 많은 후손들의 제사 참여를 기대한 것이었다. 이렇게 양력 5월 5일로 정한 것은 제사 참여를 바라는 단순한 이유 때문인 듯

향로 및 촛대

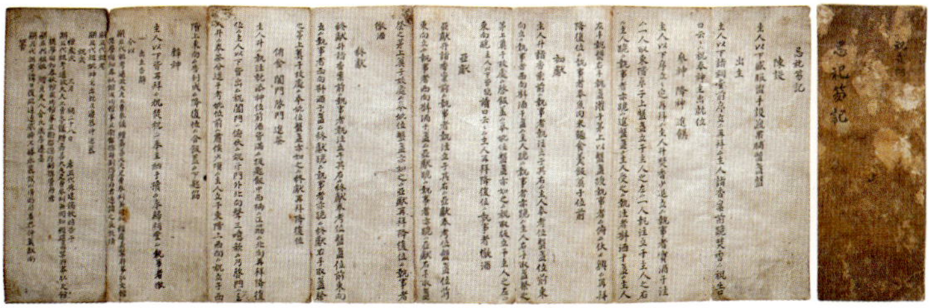

불천위 제례 홀기 및 부록 서식

분정

출주고사 및 제례축문

하다. 그런데 우연인지 모르겠지만 눈길을 끄는 사실이 있었다. 비록 양력 음력의 차이가 있긴 하지만, 1891년 치제 당시에 류승현의 신주를 개제改題하고 김흥락이 부조고유문을 지어 고하였던 날이 음력 5월 5일이었다.

현재 불천위 제례는 집사 분정을 통해 소임이 정해진다. 용와 종가의 집사 분정은 초헌初獻·아헌亞獻·종헌終獻·축祝·찬자贊者·진설陳設·봉향奉香·봉로奉爐·봉작奉爵·전작奠爵·사전司尊 등으로 구성되어 있고, 사전 뒤에는 제사에 참여한 제관 가운데 특별한 참사자를 적는다. 덧붙여 분정의 끝이라는 의미의 글자는 여느 문중과 달리 원原 자 대신 반드시 제際 자를 쓴다. 이는 안동 고성이씨 임청각의 입향조인 이증李曾의 아버지 휘자가 이원李原이기 때문에 삼가 피휘避諱한 것이다. 분정과 함께 출주고사 및 제례축문을 쓰고 축판에 준비한다.

홀기의 순서에 따라 제례를 따라가 보자.

1) 진설陳設

제수 준비는 수일 전부터 한다. 마련한 제수를 장만한 뒤 설상設床을 마치면 점촉點燭을 한다. 이어서 신주 바로 앞에 시저匙箸를 놓고, 제석祭席으로부터 1열은 조율이시棗栗梨柿의 순서를 기본으로 제철 실과와 함께

제일 오른쪽에 대구포를 올린다. 2열에는 한가운데를 중심으로 청채·흑채·백채 등 세 가지의 나물을 올리고 그 왼쪽으로 자반을 올린다. 이로써 출주–참신–강신을 위한 준비를 마친다.

2) 출주出主

출주는 사당에서 신주를 모셔오는 절차이다. 1차 진설을 마치면 찬자의 안내를 받아 주제자 종손과 축관이 대청 가묘에서 분향하고 출주고사를 아뢴 뒤 축관이 신주를 모셔 나오고 봉로가 뒤를 따라 온다. 용와 류승현 부부의 신주는 비단 천에 봉해져 혼독魂櫝에 모셔져 있다.

3) 참신參神 및 강신降神

참신과 강신은 교의校椅에 모셔온 혼독을 개독하고 혼백이 깃든 신주를 뵙고 혼백을 모시는 예를 갖추는 절차이다. 참신은 향을 사르면서 혼을 부르는 것이고, 강신은 제주를 모사에 부으면서 백을 부르는 의미를 담고 있다. 이때 제사에 참여한 모든 사람들이 절을 올리며 예를 갖춘다.

출주

용와 류승현 부부 신주

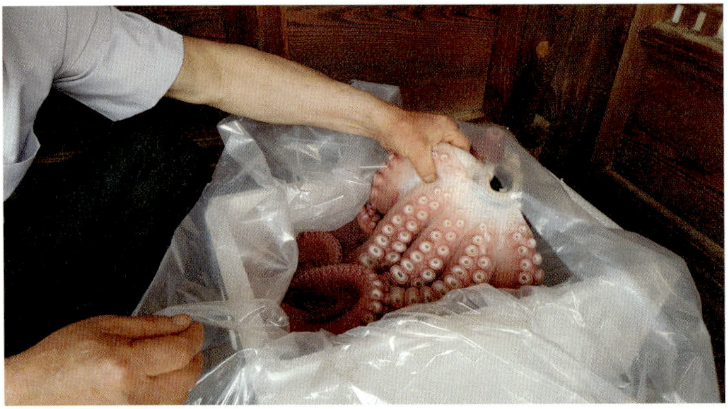

제수용 문어와 편

진찬

4) 진찬進饌

진찬은 1차 진설을 마친 뒤에 나머지 제수를 차리는 절차이다. 3열 한가운데에 도적을 올리고, 좌우에 우羽·모毛·린鱗 삼탕三湯과 함께 두부전을 올리는데, 삼탕은 즉 날개가 있는 고기·털이 있는 짐승의 고기·비늘이 있는 생선이다. 도적 왼쪽에 닭고기를 대신하여 계란탕을 올리고, 오른쪽에 쇠고기 탕과 생선탕을 올린다. 도적에는 생물 고기와 생선을 올리는데, 용와종가에서는 안동의 전통에 따라 반드시 문어를 함께 괴어 올린다.

4열에는 제일 왼쪽에 면(국수), 한가운데에 메(밥)와 갱羹(국)을 올리고, 오른쪽에는 편鯿(떡)을 올린다. 편은 거의 반드시 안동에

초헌례

서 마련해 와 올리면서 전통을 지키고 있다. 왜냐하면 종가가 30년 전 일선리로 옮겨온 뒤로 인근에서는 예전의 편 규모와 모습을 마련하기 쉽지 않기 때문이다. 한편으로는 옛날에 안동에서 봉행하였던 마음을 담고자 한 것이기도 하다.

5) 초헌初獻

초헌은 제례 절차에서 삼헌례三獻禮를 올리는 첫 번째로, 봉사손이자 제사의 주제主祭인 종손이 올린다. 초헌례의 잔을 올리고 나면 메의 뚜껑을 열고[啓飯蓋] 정저正箸(눕혀 있던 젓가락을 바로 하는 것)

아헌례

를 한다. 초헌을 마치고 초헌관 이하 모든 참사자들이 부복하면 이어서 축관이 축문을 아뢴다. 독축을 마치고 나면 초헌관이 두 번 절을 올리고 물러난다.

6) 아헌亞獻

용와종가의 아헌은 반드시 주부主婦, 즉 종부가 사배四拜를 올리고 물러난다. 따라서 분정에서도 아헌의 자리는 별도의 소임자를 기록하지 않고 주부主婦로 쓰거나 비워 둔다.

7) 종헌終獻

종헌은 종헌관이 술을 올리는 것이다.

8) 유식侑食

유식은 삼헌례를 마치고 혼백이 음식을 드시기를 바라는 것이다. 우선 삼헌례를 마친 뒤 초헌관이 신주에게 올린 술잔에 첨작添酌을 하고 집례자가 메에 숟가락을 꽂는다. 젓가락은 앞서 초헌례 뒤에 정저를 하였기 때문에 그냥 둔다.

음복

9) 합문闔門

합문은 혼백이 편안하게 음식을 드실 수 있는 시간을 드리는 것이다. 일반적으로 제사에 쓰는 병풍을 안으로 오므리듯이 하는 경우도 있으나 용와종가의 제례는 사랑채 정침에서 지내기 때문에 초헌관 이하 모든 제관들이 대청마루로 물러나와 문을 닫고 일정 시간을 기다린다.

제삿밥

퇴선退膳

10) 계문啓門

계문은 유식과 합문을 통해 혼백이 음식을 드실 시간을 기다렸다가 조심스럽게 세 번의 헛기침(삼희三噫)을 하고 문을 여는 것이다.

11) 진다進茶

혼백이 드신 갱羹(국)을 숭늉으로 바꾸어 올리는 것이다. 국그릇을 숭늉으로 바꾸면서 유식 때 메에 꽂았던 숟가락으로 약간의 메를 떠서 숭늉에 담는다.

12) 사신辭神

사신은 제례를 마치고 혼백을 다시 보내는 절차이다. 용와종가는 제례를 마치면 신주를 감실에 다시 모시는 절차는 없고, 출주할 때와 마찬가지로 찬자가 인도하고 종손이 뒤를 따라 공경히 모셔 감실에 봉안한다. 그리고 초헌관을 중심으로 모든 제관들이 음복을 한다.

이렇게 제례와 음복을 마치면 용와종가에서는 퇴선退膳을 별도로 준비하여 당일 제례에 참여한 이들에게 일일이 하나씩 나누어 준다. 퇴선이란 제수로 올린 도적 가운데 쇠고기와 생선 등을 말한다.

용와를 기리며
삼가정을 계승하다

3 삼가정의 가르침이 용와·양파를 이어 후손들에게

류승현의 부탁을 받고 침간정 기문을 지은 삼산 류정원이 족숙 류승현을 기리며 후손들에게 한 말이 있다.

> 우리 가문에서는 용와공이 모범이 되시니, 그 진물鎭物하는 도량과 염정恬靜하신 지조는 옛 사람에 견주어도 부끄러움이 없도다. 우리들이 삼가 그 길을 따라가면 거의 과오와 실수가 없을 것이다.

그리고 그는 류승현이 죽었을 때 석 달 동안 소식素食을 하면서 슬픔에 잠겼다. 채제공이 류승현의 행장을 지으면서 류정원의 말에서도 가정 안팎에서 보고 느껴지는 류승현의 실질적인 덕망을 더욱 잘 알 수 있었다는 말이 특별하게 와 닿는다. 전주류씨 수곡파에서 류승현은 삼가정파 큰집의 주인이다. 인용문의 훈계가 있었기 때문인지 몰라도 류승현의 삶과 말에 담긴 교훈은 삼가정파뿐만 아니라 수곡파 안에서 지금까지도 면면히 전해 오고 있다.

류승현의 5대손 류정호의 『완산가훈完山家訓』, 7대손 류동환의 언문가사 『전주류씨全州柳氏 세덕가世德歌』, 정재종가에서 내려오는 류치명의 『가세영언家世零言』 등에는 수곡파 상조 인물과 함께 삼가정의 정신과 가르침을 실천한 인물들의 언행이 실려 있다. 이 가운데 『완산가훈』은 류정호가 1893년 류복기 이후 수곡파 선대 문집과 유문에서 모범이 되는 행적과 교훈을 발췌, 집성하여 어록·행록체 형식으로 완성한 것이다. 인용한 서목은 『기양세고』·『용와문집』·『양파문집』·『노애문집』·『동암문집』·『수정재문집』·『정재집』 등 15편의 선대 문집들이다. 모두가 용와종가와 양파구려의 직계에 있는 후손을 중심으로 그 모범적인 언행을 발췌한 것이다.

① 검신檢身, ② 가도家道, ③ 처사處事, ④ 출처出處, ⑤ 치도治道, ⑥ 위학爲學 등의 차례로 잡은 6조 아래 23목 340례의 형식으로 구성되었다. 류정호는 『완산가훈』 소지小識에서, 가훈의 대강을 '신심윤상身心倫常'에서 시작하여 '일용응접日用應接'에서 맺고, 학문을 하는 절도로서 도움이 되도록 하기 위함이라고 편찬 취지를 밝혔다. 특히 세상의 법도가 쇠퇴해 가고 가업과 가학이 사라지고 무너져 가는 모습을 목격하면서 후손들이 선대의 유훈을

본받아 소홀히 하지 말 것을 간절히 당부하였다. 류승현에 대한 어록이나 행록으로 실린 것은 앞에서 말한 내용에 거의 포함되어 있다.

『전주류씨 세덕가』에서는 류승현·류관현 형제에 대한 기록을 모두 옮겨 오고 싶었다. 당시의 언문체를 그대로 옮겨 왔는데, 내용을 이해하는 데에는 크게 어렵지 않으리라 생각한다.

십사세十四世 용와대야慵窩大爺 덕광우량德光宇量 굉박宏博이며
숙종조肅宗朝 등과登科하셔 참의參議까지 지내시고
표곡瓢谷 천석泉石 좋다 하사 침간정枕澗亭 지으시고
양한수도養閒修道 하였더니 무신년戊申年 희량希亮 난리亂離
대장大將으로 추천推薦되어 야夜에 앉아 격서檄書 불여
말씀도 격절激切하다 기旗 세우고 등단登壇하사
호령號令하고 약속約束하니 안무사按撫使 박사수朴師洙와
호소사號召使 옥천선생玉川先生 군율삼엄軍律森嚴 칭찬稱讚이라
넷 고을 지내시니 곳곳마다 명치明治시기
거민居民들이 울며 전별餞別 종성부사鍾城府使 숙배肅拜할 제
영조英祖께서 하신 말씀 거년난리去年亂離 창의倡義 공功을
면목面目을 몰랐다고 궁시弓矢를 주셨더라
풍기군수豊基郡守 가셨다가 아중衙中에서 돌아가셔
반상返喪할 적 군인郡人들이 화택불피化澤不被 여한餘恨이라
재무신再戊申 구갑舊甲으로 이조참판吏曹參判 증직贈職 올라
사세四世에 대진代盡하나 백세百世 불천不遷 묘향廟享하며

계씨季氏에 양파공陽坡公은 적덕후엄積德厚嚴 갸륵하와
열 빼낸(뽑은) 급제及第 중에 안동安東서 다섯이라

제산齊山대산大山삼산三山으로 동방同榜이 되었을 뿐
동당同堂에 광경光景이야 더욱 더 장壯할시고
화산풍우花山風雨 오룡비五龍飛란 당시當時의 하장賀狀이라
경성판관鏡城判官 제명除命되어 녹봉祿俸으로 진휼賑恤하여
해불解紱되어 돌아올 적 길 막는 군민群民들이
남여藍輿 뫼기 쟁선爭先이라 서연書筵으로 홀로 뫼셔
한 달이 넘으시고 역도촬요易圖撮要 지어 드려
여러 가지 하사下賜 받고 승지참의承旨參議 다 지내어
한들(대평大坪) 박실(표곡瓢谷) 두 마을에 제택第宅을 널리 지어
덕위德位 병치幷峙 형제분兄弟分이 연상박약聯床博約 지락至樂이며
박실은 큰집(대택大宅)이요 한들은 소택小宅이라

제6장

종손에게 흐르는 침간정 물소리

아버지 류봉시를 이어 류승현이 표곡에 새로 지은 살림집이 정확히 1724년에 지어졌으니, 올해(2018)로 295년이 흘렀다. 거의 300년의 세월을 견디며 전통을 지켜온 집은, 류도원–류범휴–류노문–류치임–류건호–류연우–류동희–류돈희–류석기–류동호까지 11대를 이어 현재에 이르고 있다.

류석기柳奭基(1912–1987)의 시대에 안동 표곡에서 구미 일선리로 옮겨온 지도 30년, 한 세대가 흘렀다. 한 세대를 30년으로 보면, 일선리 시대의 용와종가는 새로운 시대를 맞이한 것이다. 일선리 이건 후 한 세대를 지나면서 10대 종손 류동호柳東昊(1962년생)가 그 정신을 이어받았다. 그 직전 세대에는 9대 종손인 아버지 류석기의 고군분투에 가까운 노력이 있었다.

지난해(2017) 겨울, 사진 촬영을 위해 가져온 드론의 배터리가 얼어 한참을 녹여야 했던 몹시 추운 날이었다. 거의 5–6m에 달하는 삼가정파 가계도가 벽면에 가로로 게시된 용와종가에서, 조상에 대한 향념向念과 종족에 대한 일체감을 자못 느낄 수 있었다. 그 자리에는 수류우향, 일선리 이장으로 수고를 마다하지 않는 류승현의 9대손 류완성(1948년생)과 10대손이자 수재(류정호) 고택 주손으로서 종가의 일에 솔선하고 있다는 류회붕(1943년생)이 함께 손님을 맞아 주었다. 덕분에 용와종가에 대한 다양한 이야기를 들을 수가 있었다. 옆에 앉아 있던 종손이 두 사람에 대해 칭찬을 아끼지 않았다. 종가의 보존과 대소사에 있어서 참으로 고마운 분들이라고 하였다. 종가 사랑방에서 종손 류동호 부부의 삶과 회상을 들었다. 종손은 훤칠한 키에 단정한 외모를 지녔고, 안경과 어우러져 학자의 풍모가 느껴졌다. 종부는 조심스럽고 단아한 모습이었고 옅은 미소에 수줍음도 살짝 보였다.

한편, 필자는 올해 2월 말 서울 길에 올랐다. 용와종가 종손의 부름이었다. 그 아우 류승호, 종녀宗女이자 종손의 누나 두 명, 류승현의 증손인 수정재 류정문의 6대손 류일곤(1947년생)을 만나기 위해서였다. 그 자리에서 9대 종손 류석기의 사진을 건네받았는데, 빛바랜 흑백 증명사진이었다. 거의 유일하게 앨범에 남아 있는 것이라고 하여 혹시라도 잃어버릴까 싶어 얼른 품속에 넣었다. 그리고 류석기의 셋째 딸인 류점숙이 건네준 가슴 뭉클한 원고 한 편을 받았다. 「우리 아버지를 생각함」이라는 제목의 글이었는데, 옛날로 보면 유사나 가장 및 행장과 같은 내용이었다. 그래서 이 지면을 통해 그 일부라도 옮겨 오지 않을 수 없었다.

1) 9대 종손 류석기

류석기는 1912년에 태어났다. 대한제국이 사라지고 경술국치를 당한 2년 후이다. 당시에는 누구나 그러했겠지만, 일제 36년을 오롯이 다 겪고 광복을 맞이한 뒤 한국전쟁이 끝난 40대 초반까지 파란만장한 삶을 살았다. 더욱이 종손으로서는 더 그러했던 것 같다.

류석기의 자는 태구泰求이고 호는 화곡和谷이다. 일제에 강점

9대 종손 류석기

된 시대에 태어났지만, 유가의 전통문화 시대에서 이른바 개화기를 지나면서 근현대 산업화 시대를 몸소 다 겪었다. 대대로 이름난 선조를 둔 그는 유가 법도를 고수하면서도 시대적 변화에도 적극적으로 대처하였다.

아버지 류돈희는 중후한 풍도를 지녔고 일찍부터 문장과 행실이 드러났었는데, 류석기가 여덟 살에 상을 당하였다. 류석기는 어린 나이에도 종손으로서 예법에 따라 상을 마쳤다. 10년 후 열여덟 살에 혼인한 부인 진주강씨가 후사를 두지 못하고 일찍 세상을 떠나는 슬픔을 겪었다. 몇 년 후 청도의 고성이씨 부인을 맞이하여 1남 4녀를 두었다. 종가로서 가진 전답이 어느 정도 있었지만 수확이 좋지 않은 곳이라서 살림은 그리 넉넉하지 못하였다. 다섯 남매를 기르며 종가의 주인으로서 부단한 노력 끝에 옥답을 만들어 냈고, 그 쌀로 지은 밥을 맛있게 먹는 대소가 친척들과 일꾼들의 모습을 보면서 즐거워하였다고 한다. 농한기에는 부인과 함께 양말과 장갑을 짜면서 생계를 이어 갔다. 그 덕분에 살림이 조금씩 나아질 수 있었다.

1950년 한국전쟁이 발발하여 사상과 이념의 대립이 극렬해지자 유가의 종손이라는 이유와 함께, 당시 이른바 지주地主라는 오해로 인해 상당한 고초를 당하면서 피해 다니기도 하였다. 어쩔 수 없이 종가를 떠나야 했던 그는 안동으로 이사를 가기에 이른다. 이 과정에서 열아홉 살의 하나뿐인 아들 류규석柳圭錫이 전란 중에 생사불명이 되는 불행한 일을 당하는 비운을 맞는다. 자신의 다음을 이을 용와종가 10대 종손이었기에 삼가정파 큰집 종가뿐만 아니라 문중 전체의 큰 불행이었다. 가히 상상할 수 없는 일을 당한 것이다. 뒤의 일이지만 부득이 종가의 대를 잇기 위하여 안동권씨와 혼인하여 두 아들을 두었는데, 바로 지금의 종손 류동호와 류승호 형제이다.

정전협정으로 전란이 일단락된 뒤에서야 조상이 계신 고향으로 돌아왔다. 그러나 농사로만은 생계가 막막하였기 때문에 다시 안동으로 이거하였다. 영림사라는 목재소를 경영하면서 우여곡절을 겪으면서도 여유로운 자세를 견지하였고, 일가친척들이나 누구라도 찾아오면 융숭한 대접으로 대우하여 보내기도 하였다.

류석기는 가문의 돈목을 가장 중시하였다고 한다. 살림이 허락하는 대로 수시로 문중 어른들을 모시면서 기쁘게 하여 칭찬을 받았다. 또한 조모의 환갑에는 큰 잔치를 벌여 박실(표곡) 동구부터 들썩이는 자리를 마련하기도 하였다 한다.

사회적으로 큰 고비도 있었다. 자유당 시절 안동지구 부위원장을 맡고 있던 류석기였다. 1960년 일어난 4·19의거에 안동에서도 군중들의 소요가 있었다. 그 과정에서 위원장과 일부 부위원장의 집이 방화되기도 하였고, 류석기의 집에도 화가 미칠 상황이 되었다. 하지만 "류석기 집만은 침해해서는 안 된다."라는 누군가의 저지로 인해 모면할 수 있었다. 류점숙은 그 일을 회상하면서 그만큼 관용을 베풀고 배려를 하였던 평소 모습이 그를 살린 것이라고 믿고 있었다. 실제로 이를 증명하는 일화도 있었다. 안동에 부임한 검찰지청장의 요청으로 지역 원로와의 상견례가 있었는데, 당시 안동에서는 광제의원 허 아무개 박사와 김광현 목사와 함께 유림을 대표하는 인물로 류석기가 추천된 것이다.

점차 사회도 안정되고 사업도 안정을 되찾아 가면서 안동권씨와의 혼인을 하고 드디어 두 아들을 두면서 큰 기쁨을 맞이하였다. 그런데 권씨부인이 불의의 교통사고를 당하는 시련을 겪기도 한다. 자녀들에 대한 사랑이 각별하였지만, 딸들에 대한 조심과 경계가 지나친 적도 없지 않았다. 하지만 변해 가는 현실에 적응하면서 여러 자녀들을 모두 훌륭하게 성장시킬 수 있는 정신적인 지주이자 아버지였다고 한다. 그렇게 노년에 접어들었다.

대대로 그 자리를 지키고 있던, 또 영원히 그 자리에 있을 줄 알았던 표곡의 종가는 1987년 임하댐 공사로 인해 부득이 이건해야 했고, 그의 손으로 구미시 해평면 일선리 현재의 자리로 옮겨졌다. 그리고 그해 11월 16일, 류석기는 향년 76세를 일기로 파란만장한 삶을 마감하고 떠났다. 아들 류동호를 믿고 떠났을 것이다. 전주류씨 족보에는 그의 삶을 이렇게 기록하고 있다.

> 성품과 도량이 너그럽고 넓었으며[性度寬弘], 향당에서 중망의 선비[鄕稱望士]였다.

2) 10대 종손 류동호

이제 지난해 겨울에 현 종손 부부와 나눈 이야기를 하려 한다. 당연하겠지만 류승현의 10대 종손 류동호는 아버지 류석기와 참으로 많이 닮아 보였다. 1962년에 태어나 올해로 57세이다. 동호는 초명이고 족보에는 창호昌昊로 되어 있다. 자는 여법如法, 호는 벽봉碧奉이다. 종손은 아버지에 대한 그리움과 기억을 떠올리며 잠시 천장을 바라보았다. 아버지에 대한 그리움과 회한 때문인 듯 보였다. 당시의 생생한 모습과 이야기를 가능한 한 들은 그대로 옮기는 것이 좋을 듯하다. 그리고 여기에 덧붙여 감출 수 없었던 필자의 느낀 바를 적으려 한다. 2017년 12월 3일의 기록이다. 앞서 소개가 있었지만, 아버지 류석기에 대한 종손의 특별한 기억을 듣고 싶었다. 그런데 기억이 많지 않다고 하였다. 알고

10대 종손 류동호

보니 종손이 군 복무를 하는 중에 세상을 떠났기 때문이었다. 하지만 아버지에 대해 깊이 새겨진 어릴 때 기억과 함께 주변에서 들은 말을 전해 주었다.

종손은 아버지를 안동 지역을 대표하는 유림이라고 확신하고 있었다. 그리고 어떤 분이었나 하는 물음에는 정正·덕德 두 글자로 표현하였다. 합쳐서 보면 바른 덕이고, 각각으로 보면 바름과 덕이다. 격동기에 여러 가지 곤란과 고초를 겪으면서도 큰 해를 입지 않았던 것이 바로 여기에서 연유한 것이라 생각되었다. 바르고 덕스러운 모습과 인품으로 남들에게 잘 베풀고 순수하고 후덕한 마음을 가졌기 때문이었을 것이다. 앞서 셋째 딸 류점숙이 기억한 내용과 같았다. 어려운 사람들을 살피고 때로는 함께 살게 하면서 학비까지 대주었다는 말을 빼놓지 않았다.

종손의 유년기는 여느 사람들의 어린 시절과 크게 다르지 않았다. 당시로 보면 경제적으로 남들보다 조금 나은 가정환경이었던 것은 사실이다. 아버지의 사업 덕분이었는데, 2층 양옥집에 살았고 그에 걸맞는 편의 시설도 갖춰져 있었다고 기억하였다. 눈길을 끄는 것은 아주 어릴 때 맞춰 입힌 양복을 입고 찍은 사진이 있다는 것이었다. 더욱 놀란 것은 당시 아버지가 서울 출장길이 있으면 안동비행장에서 프로펠러 비행기를 타고 갔다는 사실이다. 쉽게 들어본 적이 없는 이야기였다. 그런데 불행하게도 그 사업이 몰락하면서 가세가 기울었고, 어쩔 수 없이 온 가족이 서울의 이른바 달동네로 불리는 곳으로 이사를 했다 한다. 종손이 초등학교 4학년일 때의 일이었고, 그때부터의 고생은 말로 표현하기 힘들었다고 하였다. 이러한 어려움을 겪으면서도 종손은 운동화를 중간에 한 번 빨아서 신을 사이도 없이 해질 때까지 신어가며 또래들과 놀기 좋아하였고 골목대장 노릇을 하며 그야말로 씩씩한 모습이었다고 한다. 그러면서도 학교 성적은 항상 상위권을 유지하였다고 하니, 어릴 때 그는 공부나 성적을 걱정하기보다 노는 것이 더 좋았을지도 모른다.

종손으로서 아버지로부터 받은 특별한 가르침이나 영향이 무

『설문자전說文字典』

『계몽원전啓蒙源典』

엇이었을까. 여섯 살 때부터 배운 한문 공부라고 하였다. 당시에 교재로 삼은 것은 성균관대학교와 충남대학교 교수를 지낸 명곡 류정기가 펴낸『설문자전說文字典』·『계몽원전啓蒙源典』합편서로 일명『삼천자문』이었다.

그 덕분에 한문과 관련된 과목은 거의 최우수의 성적을 받았지만, 당시의 꿈은 역사학자가 되는 것이었다고 한다. 고등학교 때에는 이기백의『한국사신론』을 비롯한 거의 모든 역사학 서적을 섭렵해 읽었다고도 했다. 그러던 중 불교학을 접하게 되었다. 어린 시절 배운 한문 공부와 그에 따른 가르침이 유가의 법도를 배우고 유학이나 한문학을 전공하길 바라는 아버지의 뜻이었다는 걸 알면서도 종손은 다른 길을 갔다. 대학 진학을 앞두고 진로까지 바꾸어 동국대학교 불교학과를 선택하였다가 집안은 물론이고 학교까지 발칵 뒤집혔다는 이야기를 해 주었다. 결국 예비고사 성적만으로 동국대학교에 무난하게 입학할 수 있었다. 자식이 되어서 가정에서 아버지의 유훈은 쉽게 잊지 못하고 그 뜻을 함부로 저버리기 어렵다. 종손에게도 아버지의 유훈이 있었을 것이라 생각하면서 물으려다가 멈칫했다. 왜냐하면 종손의 아버지가 군 복무 중에 세상을 떠났기 때문에 임종을 못 보았을지도 모른다는 생각이 들었기 때문이다. 그런데 종손의 대답이 들려왔다. 유훈이라기보다 성장 과정에서 평소 들었던 말이라고 하였다.

> 평소에 조금 지는 것이 이기는 것이다.
> 명색이 양반은 못된 행동을 해서는 안 된다.

지는 것이 이기는 것이라는 말에서 류승현의 한 발 물러서는 퇴일보의 마음이 떠올랐다. 명색名色이란 어떤 부류에 붙는 이름과 그 실질을 뜻하는 말이고, 양반이란 말은, 미안한 표현이지만 상놈이란 말과 함께 요즈음에는 쉽게 어울리지 않거나 거부감을 줄 수도 있는 말이지만, 유가의 전통을 계승하고 지켜 가는 사람으로 생각해도 좋을 듯하다. 그렇다면 유가의 부류에 속하는 사람으로서 못된 행동을 삼가라는 가르침인 것이다. 가만히 생각해 보니, 혹 선을 행하지는 못하더라도 나쁜 짓을 하지 않는다면 될 듯도 하다.

류동호는 비교적 젊은 나이에 종손이 되었다. 아버지 류석기가 임하댐 수몰로 인해 용와종가를 일선리로 이건하던 1987년에 세상을 떠났으니, 종손의 나이는 스물여섯 살이었고 군 복무 중이었다. 이때부터 새로운 곳에서 선대의 유지를 계승하고 새롭게 문호를 열어야 하는 책임과 역할이 주어졌다. 하지만 초등학교 4학년 때부터 서울 생활을 시작하였고, 군 복무를 마치고 대학을 졸업한 뒤 지금까지 서울 생활에 익숙한 그였다. 아버지와 달리 자신의 종손 역할은 문중 대소사와 특히 불천위 제례에 술을 올리고 절을 드리는 것밖에 없다고 하면서 죄송해 하고 부끄러워하였다. 심지어 종가를 보수하는 일에 있어서도 일가친척들의 도움을 많이 받는다고 하였는데, 특별한 경우를 제외하고는 다른 종가의 대다수 종손들도 그러할지 모른다. 아마 종손들이 겪는 마음의 고통일 것이다. 그 마음의 고통은 특별한 이유가 있어서가 아니었다. 그는 자신의 전공인 불교학에 조예가 깊은 만큼 강연이 많고 주말에는 더욱 바쁜 일정에 쫓긴다고 한다. 그래서 문중의 기대에 잘 부응하지 못하는 죄책감이 있다고 하였다.

> 문중 대소사에 자주 내려와서 일을 보고 자리를 지키라고 하시는데, 그게 뜻대로 잘 안 되니까, 힘들지요. 우리 아재나 형님들이 저를 챙겨 주시는데, 제가 거기에 부응을 못하니까, 항상 죄송한 마음이 크지요.

그래서 죄책감을 크게 느낄 때에 아주 가끔은 가학을 계승하여 유학자의 길을 가지 않은 것을 되돌아본 적도 있다고 하였다.

이런 현실에 지금까지 종가를 유지하고 나름대로 책임을 다해 갈 수 있었던 것은 거의 문중 어른들의 덕분이라고 하였다. 일선리로 이거한 뒤로부터는 한 마을 거의가 일가친척이기에 삼가정파 후손들뿐만 아니라 모두가 한 마음으로 협찬하였다고 한다. 아울러 아우인 류승호와 누나들의 도움이 큰 힘이 된다고 하였다. 류승호는 사회학을 전공한 뒤 강원대학교 교수로 있고 역대 정부에서 자문위원으로 활동하였다. 그 누나들도 물심양면으로 종손의 부족한 부분을 채워 가면서 종가의 보수에 함께 노력하고 있었다. 이때 곁에 있던 종부가 문득 시동생 류승호를 단 한마디로 평가해 주었다.

> 동생이 형을 굉장히 존경해요. 형의 말에 대해서는 무조건 '예'라고 할 만큼 훌륭하세요.

물론 무조건 예라고는 하지 않겠지만, 형을 아버지처럼 굳게 의지하면서 그만큼 형에게 순응한다는 뜻일 것이다. 그만큼 종손도 항상 아우 류승호에게 의지하는 바가 많았다고 하였다. 형우제공兄友弟恭의 모습이었다.

용와 류승현에 대한 일화 가운데 종손에게 있어 가장 먼저 나온 대답은 역시 삼가정의 류봉시의 교육 방법과 가르침이었다. 수년 전에 나온 『오백년 명문가의 자녀교육』이라는 책에 삼가정과 함께 용와·양파에 대한 이야기가 실려 있다. 다시 말하기가 미안하고 쑥스럽다고 하였다. 이미 세상에 많이 알려져 있는 내용이지만, 그 예를 다시 들어 소개한 것을 보면 그 감명이 얼마나 큰지 알 수 있었다.

류봉시의 가르침에 힘입어 두 형제가 모두 문과에 급제하였고 청렴결백한 자세로 선정을 베풀었다는 이야기도 빠지지 않았다. 아울러 류승현의 아들 류도원, 그 아들 류범휴, 그 손자 류정문까지 3대에 걸쳐 도천道薦을 받은 사실은 보기 드문 일이라고 다시 한 번 소개하였다. 도천이란 당시 감사가 도내의 유능하고 학덕을 갖춘 인물을 천거하는 것이니, 가문의 영광이 아닐 수 없었을 것이다.

종부와는 어떤 인연이었을까. 시대와 인식이 바뀌어 아무리 나아졌다고는 하지만 여전히 종부의 자리는 어렵고 막중한 책임이 뒤따른다. 그야말로 누구나 될 수는 있지만 아무나 될 수 없는 자리가 종부이다. 자꾸 안동의 종가를 예로 들어 미안하지만 역시나 안동의 종가인 경우는 더욱 그렇다.

종손은 7–8년간의 연애 끝에 결혼을 하였다. 종부는 대학교 후배로 요즈음 말로 캠퍼스 커플이었고, 같은 스승 아래 배운 동학이기도 하였다. 두 사람 모두 스승의 아낌을 받았지만, 처음에는 둘의 결혼을 반대했다고 한다. 그 스승이 자신의 조카 신붓감으로 마음에 두고 있었단다. 스승의 눈에도 그만큼 보였으니 종부의 사람됨은 짐작할 수 있었다. 그런데 장모의 반대에 부딪혔다. 당연한 반대였을지도 모른다. 딸이 안동의 종가에 시집을 가겠다 하고 더군다나 결혼 당시 용와종가의 제사가 일 년에 열여덟 번이라는 현실을 받아들이기 쉽지 않았을 것이다. 시쳇말로 고생길이 보였을 것이다.

종부가 종손의 말을 이어받았다. 수년간의 연애를 했기에 헤어질 수 없는 운명이라 생각했고 종부라는 자리도 맡겨지는 대로 하면 되겠다고 조금은 막연하기도 하고 무모한 듯이 생각했지만 자신 있게 받아들였다고 한다. TV에서나 볼 수 있는 우아한 한복을 입고 붓글씨를 쓰거나 차를 달이는 등의 설렘에 찬 모습도 그려 보았다고 한다. 극구 반대하는 친정어머니에게도 같은 말을 하면서 우겼다고 한다. 또 시간이 지나면 어쩔 수 없이 허락해 주리라는 믿음도 있었던 것 같다. 그래서 보통의 경우보다 조금 늦은 결혼을 하였다. 그렇게 결혼한 종손 부부는 1남 류진오柳眞悟(95년생)와 1녀 류혜정柳慧淨(92년생)을 두었다.

자녀 이야기와 함께 자연스럽게 종손 다음 대를 이어야 할 아들에 대한 이야기를 시작했다. 어차피 숙명적으로 종손의 대를 이어야 하는 아들 류진오는 95년생으로 올해 스물네 살이다. 지금은 군 복무 중이다. 아들에게 종가의 전통과 문화를 어떻게 가르치고 있는지 알고 싶었다.

종손은 아직 특별하게 교육하는 것이 없다고 하였다. 문득문득 걱정스러운 마음이 들어 아들에게 나중에 와서 종가 지키며 살 수 있겠냐고 물어보기도 한다지만 지금은 지켜보는 중이라고 하였다. 스스로 깨달아 할 때까지 기다린다고 하였는데, 그 말

속에는 자신도 그랬듯이 대대로 이어지는 그리고 또 분명히 되살아날 유전자의 힘을 믿고 있는 듯 보였다. 아마 그래서 얼핏 들으면 불교적 색채가 묻어나기는 하지만 아들 이름도 진오眞悟라고 지은 것은 아닌지 모르겠다. 여기서 종부의 생각은 좀 달랐다. 그런 종손의 태도에 못마땅한 듯 자주 다그친다고도 하였다. 곁에서 종손이 종부에게 혼도 많이 났다고 하며 웃었다.

종부의 마음에는 훌륭한 조상을 두고 남들보다 특별한 자리와 환경을 물려받고도 방치할 수는 없다는 생각이 확고하였다. 명색이라는 단어가 여기서 또 나왔다. 아들의 명색이 용와 11대 종손인데, 가르침이 늦어 부족함이 너무 많고 그래서 더 늦어서는 안 된다는 것이었다. 그래서 항상 문중 대소사에 모이면 불편하고 죄송한 마음을 감출 수가 없었다고 한다. 종부의 말에도 종손은 아들에게 들었던 말이 있어서인지 마음이 여유로웠다. 그 아들이 나이가 들면서 제사 탕국도 맛있다 하고 그 많은 제사도 지내야 하면 지낼 수 있다고 거부감 없이 말했다고 한다. 시대가 바뀌고 문화도 변하겠지만 정신은 변하지 않을 것 같다는 생각이 들었다.

자신의 다음 대를 이을 아들 이야기에 이어 종손의 훗날에 대한 고민 또한 여느 종가의 종손과 특별히 다르지 않았다. 가족 문화와 사회 문화가 변함에 따라 당연하게 받아들여야 할 과제이기도 하다. 종손의 제일 큰 고민은 현실에 부딪혀 종손으로서 주어진 의무와 중심적인 역할을 하지 못하고 있다는 것이었다.

근래 영남 특히 안동 지역을 중심으로 유교문화 또는 종가문화에 대한 관심이 높아지는 경향과 함께 발전적인 변화의 움직임을 느끼면서 다행스럽게 생각하였다. 실제로 경상북도의 경우는 종가 포럼 등을 통해 적극적인 정책을 펴면서 많은 성과를 거두기도 하였다. 하지만 종가 내부로 들어와 보면 사정이 좀 다르다고 하였다. 사람의 문제였다.

> 솔직히 불천위 제례를 봉행하면 제관들이 옛날보다 훨씬 수가 적어요. 예전에만 해도 백여 명 넘게 참석해서 서 있을 자리가 없을 정도였는데, 아버지가 87년에 돌아가셨으니까, 그 후 약 한 30년 사이에 많은 분들이 돌아가셨어요. 지금 대략 50여 분 정도 되지만 연령대가 달라요. 사촌 육촌 형제들, 조카뻘 되는 어릴 때 친하게 지냈던 녀석들도 쉽게 오질 못해요.

일가친척 어른들에게 특히 숙부·숙모 항렬인 이들에게 부탁을 드려 보기도 하지만, 쉽지 않은 상황에 실질적으로 언제까지 이어질 수 있을까 하는 걱정이 많았다. 불천위 제례를 마친 후에 진행되는 문중 회의에서도 이와 같은 문제는 공식적이지는 않지만 항상 주요한 의제로 등장한다고 하였다.

종손은 그 자체로 위상이 부여되고 그에 따른 당연한 의무가 주어지지만 결코 혼자서 그 의무를 다할 수 없다. 그래서 그런지 류동호는 자의든 타의든지 간에 가로막힌 현실 앞에서 그 위상에 걸맞는 의무를 다하지 못하고 있는 것을 거듭 자책하고 있었다.

잠시 말을 돌리면, 앞서 소개한 대로 종손은 불교학에 남다른 조예와 학식을 겸비하고 있다. 유가에서 태어나 유가의 종손으로서 불교학이 선뜻 어울리지 않는다고도 볼 수 있지만, 사실 그런 것은 문제가 되지 않는다. 학문의 영역이 무엇이든지 간에 중요한 것은 융합과 복합 사고인 것이고, 그것을 승화시켜 가는 과정에서 그 어떤 정신이 살아 숨쉬느냐는 것이 더욱 중요하다고 생각한다. 아무튼 그의 스승은 한국불교사에서 초기불교에 대한 이해의 새로운 지평을 열었다고 평가받는 병고丙古 고익진高翊晋(1934-1988)이다. 그래서 그런지 종손의 사회적, 특히 불교학계에서의 역할도 자못 상당하다. 자신만을 바라보면서 배움을 청하는 많은 이들을 쉽게 뿌리칠 수 없다는 고민을 토로하기도 하였다.

이런 고민과 함께 못 다하는 의무에 대한 자책을 조금이나마 덜어 주는 문중 일가친척들에게 고마움과 공을 돌렸다.

> 우리 문중에서 제가 중심적인 역할을 못 하다 보니까 아재들이나 할배들이 제 역할을 많이 해 주시고, 언젠가는 제가 퇴직하고 와서 여기를 맡겠지 하고 기대를 하시는데, 저는 저희 선생님한테 배운 걸 사람들한테 전수해 줘야 하니까 정말 저 하나를 보고 공부하러 오는 사람들을 놓고 온다는 게 현실적으로 힘들지요.

보이지 않는 막중한 책임과 의무를 지녔지만, 종손으로서 느끼는 보람과 자부심이 있을 것이다. 류동호가 보람과 자부심을 느낄 때는 역시 용와종가 종손으로서 자타가 인정하는 수곡파 내지는 삼가정파 명조들의 이야기를 들을 때라고 한다. 그의 말을 빌리면, 고향과 천 리 떨어진 서울에 살면서 남들과 대화 중에 은근히 자랑삼아 말하고 싶은 충동도 일어나지만, 스스로 나서거나 드러내지 않아도 된다고 했다.

종손의 말을 듣던 중에 의미 있는 단어가 있었다. 주변 이야기를 하면서 종손은 조상의 '덕향'이 드러난다고 표현하였다. 덕향이란 분명 학덕의 향기라는 뜻의 덕향德香이거나 학덕의 울림이라는 뜻의 덕향德響일 것이다. 여기에 덧붙여 덕향은 벼슬과는 상관없이 피어나는 것이 아니냐는 말이 더욱 의미심장하였다. 이렇듯이 어느 자리이든지 자신의 소개를 대략 끝내고 나면 상대방이 먼저 자신의 가문과 조상을 알아보고 말해 주는 경우가 많다는 것이다. 아마 고향이 안동이고, 용와종가의 종손이며, 또한 그의 전공이 인문학으로 불교에 상당히 조예가 깊은 데다가 역사와 한문학에 가깝기에 더욱 그럴 것이다.

류동호는 용와와 같이 명실공히 이른바 선비의 삶을 살았던 조상들의 모습을 전범으로 삼아, 모자라고 부족하지만 남들에게도 특히 자신이 가르치는 다양한 학생들에게 모범이 되려고 노력한다고 하였다. 그래서 종종 가까운 벗들로부터 "동호는 씨앗이 좋아."라는 말도 듣는다고 한다. 그는 그 이유를 이렇게 생각하고 있었다.

> 만약 나에게 학자적 소양이나 삶을 통찰하는 소양이 있다면 그런 것들이 우리 문중 조상님들로부터 이어받은 유전자가 아닐까 그런 생각을 해

요. 내가 그 어른들하고 가는 길이 좀 다르기는 하지만, 보이지 않는 그런 힘이 지금의 내가 가치 있다고 생각하는 이 길을 걸어갈 수 있게 해 준 또 하나의 요소가 아닐까 생각하지요.

유전자! DNA! 바로 씨앗이었다. 삼가정의 뿌리에서 나온 용와, 그리고 양파 두 형제의 씨앗이 발아하여 그 후손들의 유전자가 되었으리라. 종손 류동호에게도 물론일 것이다. 종손으로서 입신양명하여 종가를 보수해 주길 바라는 문중과 주변의 바람도 있지만, 전혀 그런 쪽에 관심이 없다고 하니 말이다. 아마 안분지족의 마음으로 분수대로 역할을 다하면서 종가를 잘 잇는 것을 최고의 과제이자 의무로 생각하고 있는 모습이었다.

종가의 보수 이야기를 꺼냈으니, 용와종가의 미래가 걱정되었다. 누구나 염려하는 바이다. 현재의 유지와 보수도 중요하고 나아가 미래에 발전과 도약도 있어야 한다. 다행스럽게 언제부터인가 국가적으로 또는 개인적으로 유교문화와 종가문화가 복원되기도 하고 세상의 관심을 끌기도 한다. 하지만 더욱 더 첨단을 향해 달리는 기술과 편리와 안락을 추구하는 현실 앞에서는 여전히 막연하고 아득한 것이 많다.

문득 류승현의 「정실명」이 생각났다. 미리 말하지만 인터뷰를 다 마친 후 대청에 걸려 있는 판각을 다시 한 번 바라보기도 하였다. 세상이 변해 간다고 해도, 그래서 사람이 변한다고 해도 교巧만을 추구할 수 없고 때로는 졸拙을 택해야 하는 것은 아닐지…. 순간 나는 배움이 모자라고 아는 것도 없지만, 어쩌면 종손이 전공하는 불교도 일정 부분 같은 맥락이 있을 것이라는 생각이 들었다.

류동호의 생각도 같았다. 종가의 유지와 발전을 위해 "유교문화 자체가 큰 변화를 스스로 일으켜야 된다."라고 했다. 현실생활과 미래의 전망에 있어서는 어쩔 수 없이 조금 회의적인 생각에서였다. 어떻게 보면 지금 겨우 이어 가고 있는 묘사나 불천위제례 등 문중의 대사까지도 언제까지 유지될지 걱정스러운 마음이 들기 때문이었다. 스스로 자신이 마지막 세대가 되지 않을까 하는 두려움도 있었다. 이는 그렇게 내버려 두어서는 안 된다는 절박한 바람일 것이다. 그러면서도 믿는 바가 있었다. 차츰 붕괴되어 가는 측면이 없지 않지만, 종가문화라는 것은 여전히 혈연중심의 계통문화이다. 되짚어 보면, 혈연문화를 중심으로 한 종가문화가 새로운 변화를 모색해야한다는 것이었다.

> 종가라는 것이 혈연적인 것을 배제할 수는 없겠지만 전통문화를 육성하고 계승하는 중심으로 변화를 모색해야겠다는 그런 생각을 해요.

누구나 명성과 명예를 바라거나 중시하면서 남들의 기림을 받고자 한다. 본능적이고 자연스러운 것이다. 그리고 또 훗날에 자신의 이름 석 자가 어떻게 기억될지 지레 상상해 보기도 한다. 이는 종손이기에 류동호에게도 어쩌면 매우 중요한 부분일 수 있다. 왜냐하면 유가에서 종가와 종손의 위상은 문중 안팎으로 간단히 볼 수 있는 것이 아니기 때문이다. 물론 종손 자신의 노력에 따라 결정될 것이고, 또한 결코 스스로 남들의 기림을 받으려고 하지는 않겠지만, 자연스레 주변의 평가가 뒤따르게 된다. 이런 이유로 문중 안에서 어떻게 기억되었으면 좋겠냐는 물음에 종손의 대답은 너무 간단하고 소박하였다.

문중은 수많은 대소사에 따라 구성원들 사이에 다양한 의견 차이가 있다. 따라서 종가를 중심으로 지파에 이르기까지 크고 작은 문제와 갈등이 없을 수 없다고 하였다.

> 그런 의견 차이가 있음에도 불구하고 잘 화합할 수 있도록 제가 역할을 할 수 있었으면 좋겠어요. 제가 문중 일을 솔선해서 이끌어 나간 적은 거의 없지만 그동안 우리 문중에 크고 작은 일들이 발생했을 때, 제가 그런 역할을 조금은 한 거 같거든요. 어르신들이 제 이야기를 잘 받아 주니까 그런 제 역할이 가능했던 것 같은데, 어쨌든 문중의 화합이에요. 여러 가지 문제와 갈등 속에서도 전통의 뿌리를 지키면서 함께 화합할 수 있는 기틀을 마련해 준 종손으로 기억되면 제가 한 일에 비해 훨씬 좋게 남지 않을까 생각해요.

류동호는 문중의 화합을 가장 큰 덕목으로 생각하고 있었다. 그 화합이 종손 스스로 부족하다고 말하는 부분을 채워 주고 조금이나마 자책감을 덜 수 있는 요소일지도 모른다. 나아가 종가가 유지되고 류승현의 정신을 길이 이어 갈 수 있는 길일 것이다. 덧붙여 종손의 아버지 류석기의 호가 화곡和谷인 것이 특별하게 다가왔다.

종손에게 마지막 질문을 하였다. 인터뷰를 마치면서 꼭 하고 싶은 말을 듣고 싶다고 하였다. 그런데 뜻밖의 대답을 들었다. 인터뷰를 청했던 취재원들에게 당부하는 말이었다.

> 하시는 일들이 어쨌든 요즘 사람들이 일반적으로 추구하는 삶의 방향과 다르시잖아요. 이런 일을 하시다 보면 여러 가지 어려움에 부딪힐 거예요. 그럴 때 본인이 하는 일에 대한 가치를 절대로 망실하지 마시고.
>
> 우리 사회를 구성하는 중요한 한 영역이고, 현대인이 놓칠 수 있는 가치를 품고 있는 영역이거든요. 그러니까 그런 부분을 잘 보존하고 잘 드러내는 일꾼이다 이렇게 생각하시고, 이런 일들을 해 나가기를 바랍니다.

으레 종가 선정에 용와종가를 선정해 줘서 감사하고 또 추운 날씨에도 불구하고 방문해 줘서 고맙다는 말을 하거나 또 다른 상투적인 말을 들으리라 생각했는데, 취재원들에게는 어떻게 들렸을까!

앞서 말했던 종가의 보존과 아울러 유교문화의 활성화를 위한 노력에 감사하다는 말이었다. 그의 말 속에는 용와종가가 영원히 보존되고 그 정신이 대대로 이어져 갈 수 있기를 바라는 마음이 있었다. 자신의 세대 이후에 종가의 미래를 담보하고 장담할 수 없는 현실적 불안감에서 나온 말일 것이고, 관련학계 전문가의 손과 힘을 빌려서라도 지키고 싶은 마음이 아니었을까.

3) 10대 종부 갈지원

잘 알다시피 일반 가정이나 사회에서 여성의 역할은 매우 중요하다. 유교문화에서 일부 왜곡된 시선으로 남녀의 관계를 부정적으로 인식하는 경우가 많았지만, 원래의 유학정신은 결코 그렇지 않다. 가정의 안주인으로서 그 역할에 큰 의미를 부여하기 때문이다. 종가는 더욱 그렇다. 종손보다 종부의 역할이 더욱 중요하고, 그만큼 위상도 높다. 안동을 중심으로 영남의 수많은 종가의 종부는 더욱 그렇다. 그래서 예전에는 아무나 종부가 될 수 없었던 것이 사실이다. 한편으로는 특히 안동의 유수 문중과는 선뜻 혼인을 맺기 꺼려하기도 하였다. 그러면서도 내심 가문을 따지고 명문가를 찾는 아이러니한 경우도 가끔 본다. 안동 사람인 내가 예전에 들은 말인데, 어떤 여성이 혹시 안동 사람과 결혼할 경우라면 차라리 큰 며느리가 되라고도 하였다. 그만큼 대우가 달랐던 것이다.

용와종가 종부 갈지원葛智嫄(1964생)은 본관이 남양南陽이다. 남양갈씨는 원래 제갈씨諸葛氏에서 성이 나뉘었는데 그 시조는 제갈규諸葛珪로서 제갈량(제갈공명)의 아버지로 잘 알려져 있다. 남양은 지금의 경기도 수원과 화성군 일원을 포함하는 옛 지명이다. 대화를 나누는 사이 종부의 차분한 말투와 조심스러운 모습에서 참으로 단아하고 예스럽다는 것을 느꼈다. 사진을 싣고자 하였으나, 드러나기 싫어하는 부끄러움에 끝내 사양하였다.

종부는 1남 8녀 가운데 셋째로 태어났다. 1970년 일곱 살 어린 나이에 아버지가 세상을 떠나 홀어머니의 훈육 아래 성장하였다고 한다. 많은 자식들을 힘들게 어렵게 키우며 성장시킨 어머니에 대한 존경이 남다른 이유가 있었다.

엄마가 바르고 강하셨어요. 그래서 지금도 엄마 모습을 보면서 힘을 얻고 살아가고 있지요.

결혼 전 친정은 공장을 운영하였다고 한다. 어머니를 도와 제법 많았던 공장 직원들의 음식을 자주 해 나르면서 나름대로 큰일에 대처하는 힘이 생겼다고 한다. 종손은 아내가 원래 성격도 좋기도 하고 젊을 때 겪은 이런 경험이 지금 종부로서 견딜 수 있는 힘의 하나가 아닐까 했다.

여러 가지 사연이 있겠지만, 당시 종부의 친정 식구들은 미국 영주권이 있었다고 한다. 남들에게는 쉽지 않고 부러울 수도 있는 여건을 가졌으니, 딸을 걱정한 어머니는 결혼이라는 것이 꼭 중요한 것은 아니라는 말까지 하며 미국 생활을 권유하기도 하였다 한다. 이런 말이 어떨지 모르지만 일찍 남편을 잃은 어머니의 입장에서는 딸의 장래를 위해 그럴 수도 있겠다 싶었다. 그래서 삶의 선택지에 결혼이라는 항목을 놓고 딸의 결정을 기다렸던 것이다. 종손과의 결혼을 고집하는 딸에게 마지막으로 결혼 자체에 대한 선택을 맡긴 것이었는데, 딸의 선택은 종손과의 사랑이었고 꼭 그 사람과 결혼을 해야 했다.

너무 사랑해서 결혼을 해야겠다. 종부든 뭐든 어떤 것이든 할 거다.

7년여의 연애 끝에 좀 늦은 결혼이었다. 종부의 어머니는 허락하는 자리에서 종부의 길을 가는 딸의 선택을 믿고 잘 살아달라는 당부를 하였다. 이렇게 스스로 선택한 종부의 삶이 시작되었다.

생소하였을 종가의 문화에 적응하기까지 큰 어려움보다는 많이 다른 면을 보았다고 한다. 누구나 그렇겠지만 결혼 초기에는 또 많이 어설펐다고 한다. 당연한 말일 것이다. 지금도 그렇다는 말을 덧붙이면서 불천위 제례의 예를 들었다.

결혼 후 첫 제사에 익힌 고기를 쓰지 않고 날고기를 쓰는 것을 보고 많이 다르다는 것을 느꼈고, 그 밖의 것들까지 차츰 하나둘씩 배우고 체득해 나갔다. 가풍과 예법에 따라 가르쳐 주는 대로 시키는 대로 하면서 노력해 가는 중이라고 하였다. 용와종가의 문화와 전통을 그렇게 전수받고 있는데, 종부를 돕는 일가 친척 어른들의 도움도 많았다. 특히 무엇을 어떻게 하든지 그 어른들은 거의가 칭찬 일색이란다.

우리 종부, 예쁘다. 예쁘다.

만날 때마다 항상 듣는 말이라고 한다. 혹 잘 못하는 경우에도 용기를 주면서 더욱 그러니까 부끄럽고 몸 둘 바를 모를 때가 많았다고 한다. 그래서 더 잘하려고 잘해 내려고 노력한단다. 종부의 의무를 다하고 역할을 수행하는 일에 이보다 더 좋은 분위기와 환경은 없을 듯 보였다.

종부는 시어머니로부터 종가의 전통을 체득해 가고 주변 어른들의 성원과 가르침을 받으면서 큰 힘을 얻었다고 하였다. 불천위 제례에 쓰이는 제물, 음식에서부터 한복 입는 법, 절하는 법 등 어쩌면 잘 알 듯한데 소홀하고 놓칠 수 있는 것까지 세밀하게 배웠다고 한다. 때로는 상황에 따라 융통성 있게 대처하는 법도 터득해 가는 중이라고 하였는데, 시대와 문화의 변화에 따른 유연한 대응책이었다.

결혼 후 종부가 되었을 때 시어머니의 가르침은 무엇이었을까. 생전에 들었던 당부의 말이나 특별히 배운 음식 등의 소개를 부탁하였다. 특별히 다른 말이 없었다고 한다. 평범한 말이었지만 종가의 전통을 그대로 전하는 말이었고, 종손 부부를 앉혀 놓고 한 말이었다.

> 종손이니까 종손 뜻대로 하라.
> 잘 화합해서 살아라.
> 제수를 많이 좋은 거 하려고 애쓰는 거보다 정성스럽게 하는 마음이 중요하다.

종손 뜻대로 하라는 말이 마음대로 하라는 뜻이 아님을 다 알 것이다. 화합해서 잘 살아라 하는 말은 종손 부부의 화합이

종가의 화합이자 문중의 화목임을 강조하는 말이라는 것을 알고 있었고, 제사에는 오직 정성스러운 마음을 부탁하는 것이었다.

용와종가의 음식은 그렇게 특별한 것이 없었다. 일반 종가에서는 좀 흔하다 싶은 가양주조차도 없었고, 매우 소박하였다. 종부의 말로는 일반적으로 안동의 가정에서 자주 먹는 음식을 많이 배웠다고 하였다. 거의 모두가 건강식이었다고 한다.

보통 부추나 풋고추에 콩가루를 묻혀서 쪄서 만들고 양념을 곁들이는 것, 콩가루 이용해서 칼국수를 만드는 것 등을 많이 보았어요.

지금까지도 문중에서 훌륭한 분들이 많이 배출되는 이유가 이런 음식도 한몫하는 것일지도 모른다고 하면서 종부는 살짝 웃었다.

지금은 그만두었지만, 종부는 얼마 전까지 직장 생활을 하였다. 그래서 당시에는 종가를 지키고 관리하는 것이 무척 어려웠다. 그에 따른 책임감 때문에 더욱 불안하였고, 그래서 마음만은 종가 안채에 있었다. 사랑채에 있는 종손의 마음과 함께. 누구나 주어진 책임이 있고 의무가 있고 역할이 있는데, 유가문화에서 특히나 종손 부부에게는 그 중압감이 남다르다.

가장 기본적인 것부터 손이 가지 않으면 안 되기에, 종부는 때때로 마루나 방바닥에 쌓인 먼지를 보면서 무거운 마음이 가시지를 않는다. 지금의 생활 영역이 아니니 더욱 그렇다. 더군다나 불천위 제례 준비에는 가족문화의 변화에 따라 뿔뿔이 흩어져 살아야 하는 현실에 참석하지 못하는 일가친척들이 야속할 때도 없잖아 있다. 일선리에 정착한 지도 벌써 한 세대가 흘렀기 때문에 이곳에 살면서 많은 도움을 주었던 어른들 가운데 세상을 떠난 이들도 많고 살아 계신 분들 또한 연세가 많다. 그래도 아직까지는 그들의 도움이 큰 힘이 된다. 불천위 제례를 봉행하는 날짜와 시간도 현실에 맞게 공휴일과 낮 시간으로 조정하여 조금이나마 부담을 던 듯하였다. 제물 준비도 거의 문중에서 다 하는데, 이때 종부의 마지막 역할은 제수 점검이다. 혹시라도 빠뜨린 것이 없는지 불결한 것이 없는지 확인하는 것이다. 이러한 변화에 종부는 문중, 특히 종가 후손 어른들의 관대함 덕분에 한결 편안해졌다. 종가의 개방적 사고방식이고 상황에 따라 융통하는 모습이었다.

국가와 지방자치단체의 정책에 따른 것도 있지만, 근래 종가의 유지 발전을 위해 종부의 관심과 관리가 부쩍 늘었다고 한다. 실제로 크게 내세울 만한 것이 아니라고 하였지만 나름대로 그런 노력에서 기쁨과 보람을 느끼기도 하였다.

저는 특별히 제가 일을 많이 한 게 아니어서… 더 잘하고 싶은 마음은 있는데, 현실적으로 안 되니까. 여기 내려와서 집도 관리하고 해야 하는데, 그것도 많이 못 하니까.

자조 섞인 혼잣말이었지만, 더욱 잘해야겠다는 종부의 의지를 보았다.

근래 종가는 외부와의 소통을 시도하고 있고, 그 문화가 밖으로 많이 소개되고 알려지기 시작하였다. 문화콘텐츠 발굴과 지역문화 활성화 차원에서 지방자치단체가 주도하거나 방송가에서도 활용하는 경우를 자주 본다.

용와종가도 예외는 아니었다. 지역 방송국에서 고택을 배경으로 음악회를 열기도 하고 종택 소개 프로그램에 등장하기도 하였다. 또한 유학과 유가의 문화를 체험하는 장소로 활용되기도 한다. 지금은 문화재청의 후원 아래 경북과학대학 겨레문화사업단 프로그램으로 종가 슬로푸드 체험여행이라는 것이 있다. 종가를 개방해서 1박 2일 숙박하면서 종가 체험을 하는 것이다. 2017년 봄부터 시작된 프로그램인데, 종가의 발전을 위해 개방하기로 결정하고 종부가 참여하여 종가 음식을 소개하고 있다. 종가 보존을 위한 많은 시행착오를 겪은 뒤였다. 올해(2108)는 3월부터 10월까지 매주 토요일 1박 2일로 진행한다는 것을 알았다. 한편으로 보면 종가의 보존과 발전에 있어서는 순기능이 있는 것도 부인할 수 없다.

종가를 유지하고 발전시키는 방법 가운데 하나이기는 하지만, 종부의 솔직한 생각을 알고 싶었다. 그런데 가장 먼저 현재 이렇게나마 유지되고 있는 종가의 명맥이 아들의 세대에 어떠한 변화가 있을지를 걱정하였다. 무작정 아무런 대책 없이 '내가 했기 때문에 너도 해라.'는 식의 강요는 용납되지 않으리라는 것을 알고 있었다. 가까이로는 동서와 의논하면서 장차의 계획을 세워 보기도 하였다고 한다.

> 자손들이 오고 싶게 만들어야 된다. 그러면 차비라도 줘야 되고, 용돈이라도 줘야 된다. 축제처럼 만들자.

스스로 생각하기에 막연하고 무모한 계획일 수도 있다고 하였지만, 현실적인 방법인 듯 보였다. 나로서는 주제넘은 생각이지만, 종손 종부만의 문제가 아니라 문중 전체가 고민해 볼 만한 방법이기도 하였다.

고택 체험이나 숙박을 통해 개방하는 방법에 대해서는 애초에 사실은 한마디로 반대했다고 하였다. 연전에 종가 임대를 통해 종가를 관리해 보자는 제안을 받은 적도 있었는데, 가장 먼저 종가의 훼손에 대한 걱정이 앞섰단다. 그렇게 임대하거나 개방하여 종가 본연의 모습과 정신이 사라질 수도 있다는 걱정이었다. 여러 방면으로 좋은 면도 있겠지만 잃는 것이 더욱 많다는 것을 알고 있는 말이었다. 이에 대해 종손은 좀 더 열린 마음으로 혹 임대를 한다면 경제적으로 그들이 원하는 이상의 것을 얻어 갈 수 있으면 좋겠다고 하였다 한다. 지금 시행하고 있고 요즈음 유행하는 슬로푸드 체험 프로그램에 적극 참여하면 오히려 용와종가를 대외적으로 알리는 데도 기여할 수 있지 않겠냐는 물음에는,

어쩔 수 없이 할 수도 있겠지만 그것은 겉으로 보이는 것일 뿐이라면서 명료한 해답을 주었다.

외적으로 보이는 것에 많은 가치를 두지는 않아요.

더 이상의 말이 필요하지 않았다. 종가의 보존에 있어서 종부로서의 바람도 종손과 다르지 않았다.

사실 집을 생각하면 부담스러운 부분이 많아요. 자랑스러운 것도 많지만 자랑스러운 것보다 부담스럽고 죄송한 마음이 많아요. 조상님은 훌륭하신데, 우리는 부응을 못하니까, 자기반성을 많이 하는 편이에요. 책임과 의무가 주어진 만큼 우리의 대에 할 수 있는 데까지 최선을 다하고 종가의 위상이 잘 유지되기를 바랄 뿐이에요.

올해(2018) 5월 5일 용와 불천위 제례에서 만난 종부의 마음가짐이 더욱 특별하게 느껴졌다.

앞으로는 단순히 일반적인 종부 역할에 한정되고 싶지는 않아요. 밖으로 보이는 또 보여야 하는 종부라는 역할에 너무 얽매이지 않고, 종가의 안주인으로서 새로운 문화에 적극적으로 대응하면서 발전시키고 싶어요.

우리가 관념적으로 생각하고 있는 고전적인 종부의 상을 벗어나는 것도 좋다는 생각을 하는 것 같았다. 다만 용와종가의 전통과 정신을 벗어나지 않는 선이었다.

전주류씨 수곡파 주요문인·학자와 대표 저술(생년 순)

성명	자	호	생몰년	저술	주요행적	학문연원
柳復起	聖瑞	岐峯	1555–1617	岐峯逸稿	예빈시정, 증 좌승지, 임란의병	金誠一 門人
柳友潛	尙之	陶軒	1575–1635	陶軒文集		柳復起 子
柳稷	庭堅	百拙庵	1602–1662	百拙庵集	1630년(인조 8) 진사	柳友潛 子
柳欅	廷直	冶溪 天台老人	1607–1688	冶溪文集		柳稷 子
柳格	廷賓		1610–1681		1646년(인조 24) 생원	柳友潛 子
柳振輝	伯春		1623–1675		1660년(현종 1) 진사	柳友潛 長孫
柳挺輝	仲謙	空空齋	1625–1695	空空齋實紀	1651년(효종 2) 문과, 여주목사	柳稷 門人
柳楮	重吾	乖厓	1626–1701	乖厓文集	1654년(효종 5) 문과, 경주부윤	柳稷 門人
柳益輝	爾謙	萬嶺	1629–1698	萬嶺遺稿		柳振輝 弟
柳啓輝	季晦	鰲潭	1645–1706		1681년(숙종 7) 진사, 증 대사헌	柳稷 門人
柳昌時	致和		1649–1731		1702년(숙종 28) 진사	柳挺輝 子
柳宗時	道膺		1650–1700		1699년(숙종 25) 생원	柳稷 門人
柳慶輝	賀仲	蒙泉	1652–1708	蒙泉逸稿 家禮輯說	1675년(숙종 1) 생원	李玄逸 門人
柳大時	子猷	磨泉	1657–1739	磨泉逸稿 紫陽文集註解		柳益輝 子
柳憲時	叔道		1665–1747		1710년(숙종 36) 진사	柳萬輝 子
柳敬時	欽若	涵碧堂	1666–1737	涵碧堂文集	1694년(숙종 2) 문과, 사헌부장령	李惟樟·李玄逸 門人
柳顯時	達夫	壺窩,凡齋	1667–1752	壺窩遺稿	1711년(숙종 37) 생원, 동지중추부사	柳稷 門人
柳錫斗	君七	樸齋	1674–1741	樸齋遺稿		李玄逸 門人
柳元鉉	台彦	月會堂	1674–1755	月會堂遺稿	1711년(숙종 37) 생원, 용양위부호군	柳復起 冑孫
柳升鉉	允卿	慵窩	1680–1746	慵窩文集 倡義錄	1719년(숙종 45) 문과, 공조참의	李玄逸 門人
柳賁時	晦而	醉軒	1680–1761	醉軒詩稿		柳揚輝 子
柳晉鉉	升伯	綠筠軒	1687–1767	綠筠軒遺稿	1726년(영조 2) 생원, 첨지중추부사	柳敬時 子
柳光濂	叔明	林隱	1692–1756	林隱詩集		李栽 門人
柳觀鉉	用賓	陽坡	1692–1764	陽坡文集	1735년(영조 11) 문과, 형조참의	李玄逸 門人
柳命鉉	聲遠		1696–1739		1738년(영조 14) 생원	柳大時 子
柳台齊	鉉甫	蘿隱	1699–1767		1726년(영조 2) 생원	柳楮 曾孫

성명	자	호	생몰년	저술	주요행적	학문연원
柳正源	淳伯	三山	1702–1761	三山文集 易解參考 河洛指要	1735년(영조 11) 문과, 사간원대사간	柳升鉉 門人
柳和鉉	諧伯	松陰	1712–1782	松陰逸稿		柳觀鉉 門人
柳元源	來遠	余隱	1714–1778	余隱遺稿 軀書	1747년(영조 23) 생원	柳台鉉 子
柳弘源	汝遠	江浦	1716–1781	江浦文集		柳正源 門人
柳道源	叔文	南澗, 蘆厓	1721–1791	溪集攷證 四禮便考 日省錄 東獻輯錄 蘆厓文集	1771년(영조 47) 진사, 첨지중추부사	李象靖 門人
柳震休	景佑	壺溪	1724–1757	壺溪遺稿		柳正源 子
柳長源	叔遠	東巖	1724–1796	四書纂註增補 四書小註考疑 溪訓類篇 湖書類篇 資警錄 學庸疑義 近思錄釋義辨 疑禮瞽見 周天算法 東巖文集	1763년(영조 39) 생원	李象靖 門人
柳廷燁	明瑞	松皐	1737–1814		1798년(정조 22) 생원	柳復起 胄孫
柳星休	井瑞		1739–1819		1771년(영조 47) 생원, 용양위부호군	李象靖 門人
柳川休	大至		1742–1796		1790년(정조 14) 생원	李象靖 門人
柳範休	天瑞	壺谷	1744–1823	壺谷文集	1780년(정조 4) 생원, 안변도호부사	金樂行·李象靖 門人
柳之源	復初		1750–1794		1786년(정조 10)문과, 별검	柳賁時 孫子
柳晦文	曄如	寒坪	1758–1818	寒坪文集	1783년(정조 7) 진사, 증이조참판	李象靖 門人
柳元文	善卿	滄浪齋	1758–1836	滄浪齋遺稿	1795년(정조 19) 생원	柳宅休 子
柳師鉉	遠伯	葛天窩	1759–1834	葛天窩遺稿		柳春時 子
柳斗文	景韓	雅谷	1761–1822	雅谷文集		柳長源 門人
柳龜休	玄瑞	遯坡	1761–1837		1813년(순조 13) 생원	李象靖 門人
柳洛文	景範	方谷	1766–1807	方谷文集		權濂·柳長源 門人
柳炳文	仲虎	素隱	1766–1826	素隱文集 湖書要訓 喪祭答問 春秋世族譜 內外源派圖 譜系辨證 完山世牒		柳長源 南漢朝 柳範休 門人

성명	자	호	생몰년	저술	주요행적	학문연원
柳健休	子强	大埜	1768–1838	東儒四書解集評 溪湖學的 異學集辨 國朝故事 大埜文集		柳長源 門人
柳約文	孟博	龜峀	1769–1819	龜峀文集	1792년(정조 16) 생원	柳長源 孫子
柳徽文	公晦	好古窩	1773–1832	好古窩文集 小學章句 小學童子問 家禮攷訂 啓蒙攷異 周易經傳通編 朱子講錄刊補說 啓蒙翼要 濂洛風雅補遺 律呂新書解 滄浪答問	徽陵參奉	柳長源 門人
柳韶休	子儀		1774–1829		1805년(순조 5) 생원	柳健休 弟
柳致翊	仲協	淸流軒 隱臺	1775–1826	東獻通攷		柳正源 曾孫
柳致明	誠伯	定齋	1777–1861	家禮輯解 朱節彙要 大學童子問 太極圖解 大山實紀 定齋文集	1805년(순조 5) 문과, 병조참판	柳長源·南漢朝 門人 柳晦文 子 李象靖 外曾孫
柳鼎文	耳仲 晦則	壽靜齋	1782–1839	近思錄集解增刪 壽靜齋文集	헤릉 참봉	柳範休 子 柳長源 門人
柳覺文	學先	廣之	1786–1833		1827년(순조 27) 생원	柳朋來 子
柳致喬	叔久	守齋	1790–1862	守齋遺稿		柳致明 門人
柳箕鎭	京老	可隱	1792–1864	可隱遺稿		柳致明 門人
柳致球	來鳳 鳴叟	小隱	1793–1853	小隱文集 天君實錄	1827년(순조 27) 생원	柳洛文·柳約文·柳健休·柳致明 門人
柳家鎭	定老	洙谷	1795–1827	洙谷遺稿		柳範休·柳致明 門人
柳衡鎭	殷老	必齋 大瓢畸人 同窩	1796–1864	讀易管窺 滄浪答問補篇 同窩文集		柳徽文·柳範休·柳致明 門人
柳致孝	伯孝	伯窩	1798–1836	伯窩遺稿		柳致明 門人
柳聖文	景學	南棲	1798–1852	南棲詩集		柳致明 門人
柳致敎	仲敎	嘉齋	1800–1841	嘉齋遺稿	1828년(순조 28) 진사	柳致明 門人

성명	자	호	생몰년	저술	주요행적	학문연원
柳宅鎭	仁叔		1800–1846	東獻略		柳徽文·柳鼎文 門人
柳致皜	聖臣 濯叟	東林	1800–1862	東林文集	薦 태릉참봉	柳致明 門人
柳致任	仲車	起軒	1805–1876	起軒遺稿		柳致明 門人
柳星鎭	厚民	容齋	1807–1878	容齋文集		柳致明 門人
柳致楨	國輔	月庵	1808–1852	月庵遺稿		柳致明 門人
柳致好	季叔	孔庵	1808–1870		1852년(철종 3) 문과, 형조참의	柳致明 門人
柳致碻	揆老	養眞窩	1808–1884	遺稿		柳致明 門人
柳致儼	仲思	萬山 操庵	1810–1876	性理眞源 溪訓輯要 湖學輯成 學符演義 箕子全書 武侯實記 心經章句 仁說集解 四七彙編 萬山遺稿		柳致明 門人 李象靖 外曾孫
柳致游	少游	櫟庵	1811–1871	櫟庵文集	1844년(헌종 10) 진사	柳致明 門人
柳泰永	大汝	洗心齋	1812–1851	洗心齋遺稿		柳徽文·柳致明 門人
柳巖鎭	傅立	木石齋	1813–1871	木石齋遺稿		柳致明 門人
柳致能	公勵	聾菴	1818–1869	聾菴遺稿		柳致文 子
柳肯鎬	乃構	博羅	1819–1876	博羅詩稿 丙寅洋擾時日記	신창현감	柳致明 門人
柳章鎬	伯憲		1823–1870		1862년(철종 12) 문과, 부정자	柳致明 門人
柳胥鎬	乃宇	華朴	1823–1871	華朴遺稿		柳致明 門人
柳致德	道峻	近庵	1823–1881	典禮攷證 近庵文集		柳致明 門人
柳基鎬	翬甫	石隱	1823–1886	客日隨錄 臨川書院請額上 疏時日記 石隱遺稿		柳致明 門人
柳潤文	叔溫	鵝山	1824–1893	鵝山文集		柳致明 門人
柳健欽	剛仲	廣林	1825–1891	廣林遺稿		柳致明 門人
柳止鎬	元佐	洗山	1825–1904	聞見錄 洗山遺稿	돈녕부도정 의병운동 주도	柳致明 子
柳建鎬	彛執	石下	1826–1903	石下遺稿		柳致明 門人
柳相鎬	士立	西溪	1831–1873	西溪遺稿		柳致明 門人

성명	자	호	생몰년	저술	주요행적	학문연원
柳東植	應春	慵坡	1832–1904	慵坡遺稿	항일운동 참여	柳致明 門人
柳廷鎬	元直	修齋	1837–1907	修齋遺稿	항일운동 참여	柳致明·柳致儼·金興洛 門人
柳必永	景達	西坡	1841–1924	西坡文集	파리장서 서명	柳衡鎭·柳致明 門人
柳淵穆	熙敬	萬下	1841–1917	遺稿		柳肯鎬 子
柳淵博	景深	水村	1844–1925	水村遺稿	1882년(고종 19) 진사, 파리장서 서명	柳致明 孫子
柳太鎬	亨伯	龜磎	1845–1922	龜磎遺稿		柳致能 子
柳淵好	學汝	天山齋	1851–1936	天山齋文集		金道和 門人
柳淵楫	而用	汎庵	1853–1933	汎庵文集	항일운동 참여	柳基鎬·金興洛 門人
柳中植	洛承	誠庵	1854–1931	遺稿		柳璣永 子
柳致遇	呂卿	雅林	1855–1924	雅林遺稿		柳健欽·柳潤文·金興洛 門人
柳鳳熙	德允	石南 聽山	1855–1927	遺稿		柳萁鎭 曾孫
柳晦植	元燁	琴下	1858–1932	琴下遺稿		金興洛 門人
柳淵根	聖燁	水西	1858–1932	水西文集		金興洛 門人
柳昌植	德夫	晩山	1858–1912	晩山遺稿		柳興鎬 子
柳廣鎬	居叟	臥松	1859–1925	臥松文集		金興洛·李晩燾 門人
柳淵龜	應夏	恬庵	1861–1938	完山世蹟 常變要解 恬庵遺稿		金興洛 門人
柳東秀	德實	芙溪	1862–1926	芙溪文集		柳必永 門人
柳寅植	聖來	東山	1865–1928	大東史 大東詩史 東山文集	협동학교 설립 신간회 참여	金道和 門人
柳鼎熙	耳亨	鮮原	1867–1933	鮮原齋遺稿	항일운동 참여	金興洛 門人
柳淵鱗	見卿	奮山	1868–1936	奮山遺稿	항일운동 참여	金興洛 門人
柳淵奎	應五	曙山	1870–1950	曙山詩稿		柳廣鎬 子
柳基植	周八	淸岩	1870–1950	遺稿		柳淵發 子
柳東杰	聖興	慕庵	1874–1935		1891년(고종 28) 진사	柳淵甲 子
柳璋植	圭範	可林	1875–1949	可林文集		柳必永 門人
柳鐸淵	翰卿	石山	1877–1958	思經演義 斅蒙集 石山遺稿		柳應鎬 子
柳澍穆	明瑞	一山	1878–1957	遺稿		柳太鎬 子
柳淵承	敬民	古山	1880–1962	古山遺稿		柳承鎬 子

성명	자	호	생몰년	저술	주요행적	학문연원
柳萬植	一初	醒吾	1881–1961	遺稿		柳必永 子
柳道熙	舜玄	華陰	1881–1972	遺稿		柳東健 子
柳東稷	善初	鶴南	1883–1868	鶴南遺稿		柳淵鎬 子
柳東翼	鵬一	醒巖	1884–1960	醒巖文集		柳淵根 子
柳東煥	絅晦	立軒	1885–1974	立軒遺稿	3·1 운동 참여	柳淵龜 子
柳轍薰	景薰	所潭	1886–1960	所潭遺稿		柳淵楫 門人
柳顥集	人德	半啞	1887–1945	半啞遺稿	항일운동 참여	李晚燾·柳淵楫 門人
柳淵驥	元瑞	一松	1889–1975	遺稿		柳斗鎬 子
柳建斗	太一	水宇	1889–1960	水宇遺稿		柳敬熙 子
柳建宇	翼八	匯溪	1889–1960	匯溪遺稿		柳復起 冑孫
柳泳熙	聖春	農圃	1890–1960	農圃文集 日記		柳必永 門人
柳周熙	公緝	一畊	1892–1965	一畊遺稿	협동학교 교사 항일운동 참여	柳淵楫·柳淵鱗 門人
柳基元	奎彦	包堂	1894–1950	遺稿		柳晦植 門人
柳淵悳	敬直	槐軒	1895–1979	遺稿		柳貞鎬 子
柳達熙	必彦	曉澗	1896–1973	遺稿		柳基植 子
柳東燾	光彦	活陰	1899–1952	活陰遺稿		柳淵韶 子
柳建灝	星八	淡如	1899–1961	淡如遺稿		柳鼎熙 子
柳東銖	衡必	野人	1899–1983	野人遺稿		柳承春 門人 柳致德 曾孫
柳東洙	聖必	時堂	1907–1969	時堂遺稿	항일운동 참여	柳淵欽 子
柳正基	唯中	明谷	1910–1995	弘道全書		柳淵楫 門人 柳轍熏 子

참고문헌

권진호, 『19세기 영남학파의 종장 정재 류치명의 삶과 학문』, 한국국학진흥원, 2017.

류정기 찬, 류창훈 편, 『수류전적요람(상)』, 성심, 2003.

류동성 편저, 『수류지』, 평화보문사, 1992.

류영수, 『전주류씨 수곡파 형성과 전개』, 경북대학교 석사학위논문, 2008.

류영수, 『정재 류치명 경학 연구』, 경북대학교 박사학위논문, 2011.

오용원, 『영남학의 맥을 잇다, 안동 정재 류치명 종가』, 예문서원, 2017.

안동대학교 안동문화연구소, 『안동 무실 마을, 문헌의 향기로 남다』, 예문서원, 2008.

이갑규·김신곤·김봉규, 『한국의 혼 누정』, 민속원, 2012.

지은이

류영수柳榮洙

경상북도 안동시 수곡리 대평(한들)에서 태어났다. 고등학교까지 안동에서 졸업하고, 대구대학교 중어중문학과를 졸업한 뒤에 수년간 중국 상해 등지에 주재하며 회사 생활을 하였다. 경북대학교 대학원 한문학과에 입학하여 2012년 정재 류치명의 경학을 주제로 삼아 문학박사 학위를 받았다. 현재는 경북대학교 한문학과 강의교수, 한국국학진흥원·동양대학교 한국선비연구원 국역전문위원으로 있다. 유학의 경전과 사상에 대한 연구와 아울러 향교·서원·기관 등에서 유학 및 한문 강연을 하고 있다. 국역서로 『도산서원 위판과 서적의 수호자, 지산芝山 이운李芸』·『서암·술은일고西庵·鷸隱逸稿』·『영산가학英山家學』(공역)·『국역 봉해첩蓬海帖』(공역) 등이 있고, 논문으로 「전주류씨 수곡파 가학의 형성과 전개」, 「정재 류치명 경학 연구」, 「금계 의성김씨 학봉 종가의 가학과 학풍」 등이 있다.

경북의 종가문화 51

침간정,
충군의리와 선정의 물소리,

구미 용와 류승현 종가

찍은 날 2018년 11월 5일
펴낸 날 2018년 11월 12일

기획 경상북도·경북대학교 영남문화연구원
지은이 류영수
펴낸이 김상동
펴낸 곳 경북대학교출판부
출판등록 1973년 10월 10일 ㉣97호
주소 대구광역시 북구 대학로 80
전화 053-950-6741~3
팩스 053-953-4692
이메일 press@knu.ac.kr
홈페이지 http://knupress.com

ISBN 978-89-7180-503-9 94900
978-89-7180-498-8 (세트)

정가는 뒤표지에 있습니다. 파본은 바꾸어 드립니다.